ROMANCERO GITANO

AUSTRAL POESÍA

FEDERICO GARCÍA LORCA

ROMANCERO GITANO

EDICIÓN Y ESTUDIO
CHRISTIAN DE PAEPE

INTRODUCCIÓN Y GUÍA DE LECTURA
ESPERANZA ORTEGA

AUSTRAL POESÍA

Primera edición: 19-IV-1972
Trigésima edición (primera en esta presentación): 9-X-2006

© *Herederos de Federico García Lorca, 1928, 2006*

© *De esta edición: Espasa Calpe, S. A., Madrid, 1928, 2006*

Diseño de cubierta: Joaquín Gallego
Preimpresión: MT, S.L.

Depósito legal: B—33827—2006

ISBN 84—670—2161—6

Espasa, en su deseo de mejorar sus publicaciones, agradecerá
cualquier sugerencia que los lectores hagan al departamento
editorial por correo electrónico: sugerencias@espasa.es

Impreso en España/Printed in Spain
Impresión:
Cayfosa-Quebecor

Editorial Espasa Calpe, S. A.
Vía de las Dos Castillas, 33. Complejo Ática - Edificio 4
28224 Pozuelo de Alarcón (Madrid)

Robert Havard
Derrich Harris
All desk reserve Preface -

ÍNDICE

INTRODUCCIÓN

De todos es sabido el relieve de la figura de Federico García Lorca dentro del amplio panorama de la Literatura Española del siglo XX. Comparado con Lope de Vega, quien también combinó en su obra la poesía y el teatro, Lorca posee ese don especial que atrae a todos, tanto al amante de lo popular como al admirador de lo culto, al conservador de lo clásico como al que gusta de la osadía vanguardista.

Lorca poseía lo que los andaluces llaman «el duende», esa capacidad para captar la gracia y la belleza y transformarla en materia artística. Decidió expresar ese duende por medio de la palabra, como podía haberlo hecho en la pintura o en la música, para las que estaba dotado. Y entre todos sus libros de poemas no cabe duda de que es el ROMANCERO GITANO el más popular y el que se sitúa en el límite que divide su obra juvenil y de madurez. Por eso acometemos el estudio de este libro con respeto, conscientes de que nos hallamos ante una cumbre lo suficientemente elevada como para no intentar abarcar por completo el paisaje que desde ella se divisa. Trataremos de dirigir la mirada del lector hacia los puntos que la crítica ha estudiado con más detenimiento, sin olvidar, no obstante, que ningún comentario agota ese poso de misterio que singulariza la obra de cualquier buen poeta.

Federico García Lorca y su tiempo

El año 1898 los españoles se enfrentaron con una mezcla de perplejidad y amargura a la pérdida definitiva de las últimas colonias de América, Cuba y Filipinas. Esta fecha sirvió para singularizar a un grupo de escritores, la Generación del 98, entre los que se contaban Unamuno, Pío Baroja, Antonio Machado, etc. El 5 de julio de 1898, precisamente, nacía Federico García Lorca en Fuentevaqueros, un pueblo de la vega de Granada. La vida y muerte de este poeta van a estar marcadas, en mayor o menor medida, por los acontecimientos históricos y las convulsiones político-sociales de nuestro país: el Desastre del 98, la Primera Guerra Mundial, la Dictadura de Primo de Rivera, la proclamación de la Segunda República y la guerra civil.

Hasta 1909, su infancia transcurre en Fuentevaqueros en un ambiente campesino, con la gente del pueblo, aunque sus padres disfrutaran de una buena situación económica. En 1914, cuando comienza la Guerra europea, Lorca tenía dieciséis años y estudiaba bachillerato en Granada, en el colegio del Sagrado Corazón.

La Primera Guerra Mundial (1914-18) repercutió decisivamente en la situación político-social. La postura de neutralidad adoptada por España, aunque parezca un contrasentido, agudizó las tensiones sociales: sirvió para que la oligarquía se enriqueciera con las exportaciones a los países en guerra y las clases trabajadoras se empobrecieran aún más a causa de la subida de los precios. Si a esto unimos la sangría económica que supusieron más tarde las guerras que España mantuvo con Marruecos, se puede comprender con facilidad la causa de que cada día fuera más grande el descontento de las clases populares. En 1917, coincidiendo con la Revolución rusa, estalló en España la Huelga General, que fue reprimida con enorme dureza.

Un período tan complicado en el plano político y económico fue paradójicamente muy rico en la faceta artística y cultural. La generación llamada *Novecentista,* a la que pertenecían escritores de la talla de Ortega y Gasset y Juan Ramón Jiménez, estaba en ese momento en plena producción. Una nueva savia, la de los jóvenes vanguardistas, iba a incidir con entusiasmo en los años 20 sobre este panorama ya de por sí abierto a las innovaciones.

Precisamente en 1917, el año de la Huelga General, Federico García Lorca, muy joven todavía, realizó un viaje por Castilla del que dejará constancia en su primer libro, *Impresiones y paisajes,* publicado en 1918. Fue también en ese mismo año cuando el poeta inició su amistad con Manuel de Falla, al que siempre consideró su maestro y que tanto influyó en su formación artística y humana. En 1918, al finalizar la Guerra Mundial, Lorca se trasladó a Madrid para iniciar sus estudios universitarios, ya con el empeño de hacerse escritor. Ingresó entonces en la Residencia de Estudiantes de la Institución Libre de Enseñanza en donde había un ambiente intelectual vivísimo. Allí escribió su primera obra teatral, *El maleficio de la mariposa,* que estrenaría un año después.

En contraste con el florecimiento cultural, la situación política siguió agravándose hasta que el rey Alfonso XIII, agobiado por tantos problemas, adoptó la decisión arriesgada de llamar al general Primo de Rivera y proclamar la Dictadura en 1923. Primo de Rivera solucionó el problema de Marruecos y acometió una brillante política de obras públicas, pero fracasó en dos frentes: los intelectuales y las clases trabajadoras. La supresión de las libertades enfrentó al general con una minoría de intelectuales que contaba con un gran arraigo social. El destierro de Unamuno y el encarcelamiento de Valle-Inclán, por citar a dos de los escritores más influyentes del momento, se volvieron en contra del dictador, aunque lo que precipitó la caída de Primo de Rivera fue la gran crisis financiera que repercutió en el desarrollo económico. El fin de la dictadura supuso el fin de la monarquía parlamentaria. En 1931 el electorado urbano se manifestó masivamente a favor de la República, a la que consideraba como la única esperanza de cambio y recuperación.

Durante los años de la dictadura, Federico García Lorca continuó sus estudios en Madrid, en la Residencia de Estudiantes, desde 1919 hasta 1928. Allí tomó contacto con otros jóvenes como Dalí, Buñuel, Emilio Prados, etc. Fue en sus años de residente cuando escribió su ROMANCERO GITANO, publicado en 1928, pero cuya elaboración comenzó mucho antes, alrededor de 1923. El año anterior a la publicación del ROMANCERO GITANO, en 1927, celebró en Sevilla, en compañía de otros poetas, el tercer centenario de Luis de Góngora, poeta menospreciado por la cultura oficial. Es alrededor de estas celebraciones cuando se constituye la llamada Generación del 27, a la que Federico García Lorca pertenecía. Fueron años de gran agitación intelectual, marcados por los proyectos y las ilusiones. Al mismo tiempo que aparecía el ROMANCERO GITANO, en 1928, Lorca fundaba la revista *Gallo* en Granada.

Alrededor de 1929, sin embargo, el poeta sufre una crisis sentimental muy seria y, concluidos sus años de estudiante, decide partir para Estados Unidos, más concretamente a la Universidad de Columbia. El impacto que supuso para él el contacto con la civilización norteamericana daría como fruto los poemas de un nuevo libro, *Poeta en Nueva York,* que no será publicado hasta después de su muerte. Cuando Lorca regresa de Estados Unidos, España se prepara para recibir un nuevo sistema político: la República.

El primer gobierno de la Segunda República (1931-36) fue presidido por Azaña, quien emprendió la reforma del ejército y la reforma agraria, a la vez que proclamaba la libertad religiosa, en su intento de transformar a España en un estado laico y moderno. Estos afanes chocaron con los sectores más conservadores y, dos años más tarde, la CEDA, coalición de derechas, sucedió en el poder a republicanos y socialistas. Gil Robles, que dirigía la CEDA, dio marcha atrás a las reformas y provocó un malestar social cada vez más profundo. La violencia y la crispación fueron los protagonistas tanto en el parlamento como en la calle. En 1936, todas las fuerzas populares, incluso el anarquismo libertario, se unieron en la coalición del

Frente Popular, que ganó las últimas elecciones de la República. Los sectores derechistas, decepcionados ante su fracaso electoral, se vieron atraídos entonces por las nuevas soluciones totalitarias que proponía el fascismo europeo. Algunos generales descontentos, apoyados por los movimientos falangistas y tradicionalistas, protagonizaron el levantamiento militar que dio origen a la Guerra Civil española, larga y sangrienta.

En el plano cultural, los seis años que duró la República fueron muy fructíferos, tanto que esta etapa ha sido denominada la Edad de Plata de nuestra literatura. En aquel momento coincidieron en España tres generaciones literarias: la Generación del 98, la Generación Novecentista y la Generación del 27, sin olvidar la figura singularísima de Gómez de la Serna, que no se abscribía a ninguno de estos grupos literarios. El mismo año de la proclamación de la República, Lorca, ya de vuelta de su estancia en Estados Unidos, viajó a Galicia, y fruto de ese viaje serían sus *Seis poemas galegos*. Durante la República llegó su éxito como dramaturgo y, como consecuencia de ello, su ascensión a figura pública por todos admirada. Las obras de teatro fueron un éxito de crítica y de público, representadas por las mejores actrices del momento, como Margarita Xirgu o Lola Membrives. En los dos primeros años de la República se estrenaron sus obras dramáticas más importantes, *Bodas de sangre, La zapatera prodigiosa, Doña Rosita la soltera* y *Yerma*. Lorca realiza lecturas de poemas, da conferencias memorables, es objeto de homenajes en España e Hispanoamérica...

Un episodio trágico impresionará vivamente al poeta en 1934, la cogida y la muerte de su amigo el torero Ignacio Sánchez Mejías. Este suceso impulsará a Lorca a escribir una de sus obras más significativas y una de las elegías más impresionantes de nuestra literatura: *Llanto por Ignacio Sánchez Mejías*.

García Lorca ha alcanzado la popularidad, es un personaje admirado no sólo por los amantes de la literatura, sino también por todos aquellos que valoran el éxito social: concede entrevistas, firma manifiestos a favor de la República... La envidia, sin embargo, acompaña ese ascenso en la escala social, sobre todo entre los que difieren ideológicamente de las posturas del poeta.

En los primeros meses de 1936 termina *La casa de Bernarda Alba* y el 15 de julio de ese mismo año lee a sus amigos la obra en privado, un día antes de marchar a Granada. José Bergamín le despide en la estación de Madrid. Será el último de sus amigos que le vea con vida, porque tres días después de esa lectura se produjo el pronunciamiento del general Franco.

Federico García Lorca fue asesinado en Granada el 18 de agosto de 1936, ante la impotencia de sus familiares y algunos amigos. Su muerte vino a confirmar el destino trágico tantas veces anticipado en su poesía. En una conferencia que lleva por título *Juego y teoría del duende,* Lorca había afirmado: «Un muerto en España está más vivo como muerto que en ningún sitio del mundo: hiere su perfil como el filo de una navaja barbera».

Este perfil sigue arañando la corteza de la indiferencia y es el que ha entrelazado de forma definitiva la obra y la muerte de este gran poeta, símbolo del destino desgraciado de tantos españoles.

LA PERSONALIDAD DE LORCA

Si algo llama la atención en la figura de Federico García Lorca es esa capacidad de seducción que todos los que le conocieron celebraban, esa gracia indefinible que en el ambiente flamenco llaman «el duende»: un espíritu singular, una especie de *don* que aboca a quien lo posee al acierto en cualquier faceta de la vida o del arte. Lorca poseía el don de la música por herencia familiar: desde su bisabuelo, que ya destacaba como buen guitarrista, pasando por otros miembros más o menos cercanos de su familia. Manuel de Falla manifestó su admiración por su capacidad improvisadora. Reconocía que si

Lorca se hubiera dedicado a la música con disciplina, hubiera llegado a ser un magnífico intérprete. Si a esto añadimos el encanto y la originalidad de sus dibujos y su indudable talento teatral, deberíamos concluir que su nombre seguiría recordándose aunque no hubiera escrito nunca un poema.

Todo ello quizá fuera consecuencia de que Lorca había tenido una infancia feliz. Los que le conocieron aseguran que fue un niño querido y protegido no sólo por sus padres, sino también por todos los que le trataron: otros familiares, maestros, criadas, etc. Entre estas últimas destaca Dolores *La Colorina,* una muchacha alegre y pintoresca que fue su maestra en multitud de juegos y su estrecha colaboradora en representaciones de marionetas y todo tipo de celebraciones. El que *La Colorina* fuera casi analfabeta no impedía que sirviera de correa de transmisión del tesoro de la cultura oral que tanta importancia iba a tener más tarde en su obra. En la conferencia *Las nanas infantiles* el poeta granadino explicaba: «El niño rico tiene la nada de la mujer pobre, que le da al mismo tiempo, en su cándida leche silvestre, la médula del país».

Esta alegría y capacidad de seducción contrastan con otra faceta de su carácter: la profunda tristeza, la angustia que en algún caso llegó a convertirse en crisis depresiva y sentimental, el destino trágico al que se ve abocado ya desde su primera juventud. Muchas veces se ha explicado esta ambivalencia como propia de los seres que ocultan una carencia o que sufren una secreta frustración. Se ha achacado a la homosexualidad de Lorca su faceta oscura, esa zona de sombra de su vida. Hoy, por fortuna, existen menos prejuicios sociales y se admite como hecho natural lo que durante su juventud podía considerarse como un lastre imperdonable. En cualquier caso, Vicente Aleixandre, otro poeta de la Generación del 27, le recordaba así: «Era tierno como una concha en la playa. Inocente en su tremenda risa morena, como un árbol furioso. Ardiente en sus deseos, como un ser nacido para la libertad».

Otras características de su personalidad podrían parecer contradictorias, por ejemplo su natural atracción por todo lo

popular, su primitivismo, al lado de una curiosidad inmensa
por lo innovador y vanguardista. Su religiosidad iba en una di-
rección propia del sentido primitivo de lo sagrado. Esto no era
óbice para que se sintiera anticlerical y se viera atraído, dentro
de los movimientos de vanguardia, sobre todo por el surrealismo, que coincidía en su tendencia visionaria hacia lo irracional, presente ya desde sus primeros escritos.

Nunca fue Lorca un buen estudiante, aunque consiguiera
obtener su licenciatura en la Facultad de Derecho de Granada,
porque tenía una carácter indisciplinado que no se doblegaba
a dedicar sus energías a ninguna tarea que no estuviera relacionada con su quehacer artístico. Su hermano Francisco, en
su libro *Federico y su mundo,* recuerda la siguiente conversación con su padre, antes de que Federico partiera hacia Madrid
con el fin de iniciar sus estudios universitarios:

> Tu hermano se empeña en ir a Madrid, sin otro propósito
> que el de estar allí. Lo dejo porque estoy convencido de que
> él no va a hacer lo que yo quiera. Él hará lo que le dé la gana,
> que es lo que ha hecho desde que nació. Se ha empeñado en
> ser escritor. Yo no sé si sirve o no sirve para escribir, pero
> como es lo único que va a hacer, yo no tengo más remedio
> que ayudarlo.

La inmensa espontaneidad, que hizo que su poesía fuera
siempre inspirada, no impedía, sin embargo, que Lorca tuviera
un conciencia clara de la obra literaria como fruto del trabajo
y la contención. Opuso siempre al «poeta por la gracia de
Dios, el poeta por la gracia de la técnica y el esfuerzo» y se
identificó con el segundo. Tres figuras se aúnan en su espíritu:
el ángel, la musa y el duende (la imaginación, la inteligencia y
la energía irracional). Si eliminamos uno de estos ingredientes, seremos incapaces de asomarnos a su poesía.

La figura de García Lorca aparece casi siempre como representante de la España folclórica y de la España antifascista. Su
imagen adquiere así la relevancia del mito, tanto en nuestro

país como en el extranjero. *Poema del cante jondo* y ROMAN-
CERO GITANO son títulos que nos remiten a la tradición andaluza y al mundo misterioso del flamenco; pero no debemos olvidar que la incorporación de lo popular a la poesía culta ha
sido una constante en la poesía española desde el Siglo de Oro,
y que el popularismo es en España otra forma de cultismo.
Además, Lorca se opuso con todas sus fuerzas al encasillamiento que esta visión suponía y rechazó por consiguiente la
imagen de «poeta gitano».

Lo que sí es indudable es que en su obra aparece una
apuesta fuerte por los marginados, esos personajes que se ven
abocados al fracaso porque no encajan en el mundo en el que
les ha tocado vivir. La representación de esa figura la encarna
muy bien el gitano o el negro de Harlem. Ambos representan a
seres nacidos para un vuelo demasiado alto, como el *albatros*
de Baudelaire. El mismo Lorca fue el protagonista de un
drama con un final muy trágico. ¿De qué manera se materia-
liza en términos políticos esta disposición del poeta en favor
siempre de los humillados? Una de sus hermanas, Concha
García Lorca, recordaba así una conversación con Federico en
la que ella le pedía una definición ideológica:

> Cuando estalló la guerra civil le pregunté:
> —Mira, Federico, no hablas nunca de política, pero la
> gente dice que eres comunista. ¿Es verdad?
> Federico se echó a reír.
> —Concha, Conchita mía —había contestado—, olvídate
> de todo lo que dice la gente. Yo pertenezco al partido de los
> pobres.

O sea que su sensibilidad social está claramente definida y
se concreta, en los años de la República sobre todo, en su
apoyo sincero y decidido por la causa de la libertad. Su amistad con Fernando de los Ríos, catedrático granadino muy ligado a la Institución Libre de Enseñanza, que llegaría a ser
ministro de Instrucción Pública en la República, así lo con-

firma. Tras su estancia en Estados Unidos, en una lectura que hizo en Madrid de su libro inédito *Poeta en Nueva York,* Lorca afirmaba:

> —El Chrysler Building se defiende al sol como un enorme pico de plata, y puentes, barcos, ferrocarriles y hombres los veo encadenados a un sistema económico cruel al que pronto habrá que cortar el cuello, y sordos por sobra de disciplina y falta de la imprescindible dosis de locura.

Y en junio de 1936, el año de su asesinato, decía en una entrevista:

> —En este momento dramático del mundo, el artista debe llorar y reír con su pueblo. Hay que dejar el ramo de azucenas y meterse en el fango hasta la cintura para ayudar a los que buscan las azucenas.

En esa búsqueda, coherente con su personalidad aunque no con la clase a la que pertenecía, encontró la muerte este gran poeta.

FEDERICO GARCÍA LORCA EN LA GENERACIÓN DEL 27

El que Federico García Lorca poseyera una personalidad singular y un valor artístico indudable no es obstáculo para que pensemos que su trayectoria no hubiera sido tan brillante si hubiera estado aislado, sin compartir con otros poetas proyectos y ambiciones. En este sentido, su relación con el resto de los componentes de la Generación del 27 servirá para situar su obra en un tiempo y un lugar dentro de la historia de nuestra literatura. Junto a poetas como Alberti, Salinas, Guillén, Aleixandre, Cernuda, G. Diego, D. Alonso, Prados o Altolaguirre, Lorca protagoniza una de las etapas más interesantes de la historia de la poesía del siglo XX.

Según Petersen, para que podamos hablar con propiedad de una generación literaria se han de dar una serie de condiciones. La primera de ellas es la coetaneidad de sus componentes: Lorca se sitúa en el centro de la línea que separa a Pedro Salinas, el mayor del grupo, nacido en 1891, y Manuel Altolaguirre, el menor, nacido en 1905. Su presencia se hace patente desde los albores de este grupo poético. Es, con Gerardo Diego, el primero que aparece ante el público español. En 1920, año en que el poeta santanderino publica *El romancero de la novia*, Lorca estrena, aunque con muy poco éxito, su primera obra de teatro, *El maleficio de la mariposa*. Y un año después, a un tiempo que *Poemas puros. Poemillas de la ciudad,* de D. Alonso, Lorca publica su *Libro de poemas.*

Haber recibido una educación similar, la segunda de las condiciones de Petersen, también se cumple en este caso: como sus compañeros de generación, Lorca recibe una formación liberal y universitaria. Más que sus estudios en la Universidad es su estancia en la Residencia de Estudiantes la experiencia iniciática más relevante en su educación.

Las relaciones personales, para las que Lorca estaba especialmente dotado, son estrechas entre los componentes de la Generación del 27. Estas relaciones se inician por medio de las revistas de poesía: *Índice,* de Juan Ramón Jiménez, y *Revista de Occidente,* de Ortega y Gasset, funcionan como ejemplos de rigor y selección para todos ellos. Más tarde, Prados y Altolaguirre dirigen *Litoral* en Málaga; Francisco Pino, *Meseta* y *DDOOSS* en Valladolid; Gerardo Diego, *Carmen* en Santander, y Lorca funda *Gallo* en Granada.

La experiencia generacional es sin duda alguna el homenaje a Góngora en Sevilla, con ocasión de su tercer centenario. Lorca participa activamente en la organización del homenaje, y su entusiasmo gongorino se hará patente en la conferencia titulada *La imagen poética de Don Luis de Góngora*, del año 1925.

Si, como afirmó Jorge Guillén, «la Generación del 27 no fue más —ni menos— que un grupo de amigos», Lorca mantuvo relaciones amistosas con todos ellos, como podemos comprobar si consultamos su epistolario, y como confirman las semblanzas que Aleixandre o Guillén, entre otros, escribieron sobre él. Un año después de su asesinato, cuando Emilio Prados publica el *Romancero General de la Guerra de España,* no duda en dedicárselo al poeta muerto.

En sus obras iniciales, casi todos los poetas de la Generación del 27 seguían los pasos de Juan Ramón Jiménez en su búsqueda de una poesía «desnuda», reacia tanto a la retórica como al prosaísmo. El mismo Lorca, en su *Oda a Salvador Dalí,* afirmaba: «Un deseo de formas y límites nos gana...», situándose así en la línea que Ortega y Gasset definía como *poesía deshumanizada.* Pero al lado de esta tendencia, encontramos en la Generación del 27 un interés por la recuperación de la mejor tradición española, tanto en su manifestación culta —valoración de Góngora—, como en la popular —romancero y cancionero—. De estas dos vertientes, vanguardista y tradicional, surge una interpretación de la poesía como misterio que tiene en García Lorca su principal valedor. Es, con Alberti, uno de los más decididos representantes de la línea popularista de su generación, por ejemplo con el ROMANCERO GITANO, y a la vez sabe hacer uso de la libertad creadora que las vanguardias, sobre todo el surrealismo, habían proclamado, como se puede ver en su libro *Poeta en Nueva York.* Dámaso Alonso afirmaba que «la Generación del 27 no nació con el destino de ir en contra de nada, no heredó el impulso iconoclasta de los grupos vanguardistas, no vino a tachar sino a escribir poesía». Este respeto, casi sagrado, por la poesía podría ser el lema que mejor sintetizara la obra del poeta granadino.

LA OBRA POÉTICA DE GARCÍA LORCA

> Sobre tu cuerpo había penas y rosas
> tus ojos eran la muerte y el mar
> tu boca, tus labios, tu nuca, tu cuello
> Yo como la sombra de un antiguo Omar...

Con estos cuatro versos dodecasílabos, muy del gusto modernista, comienza el primer poema que se conserva del joven García Lorca, escrito en 1917. Su hermano Francisco los recoge en un libro titulado *Federico y su mundo*. Tenía entonces diecinueve años. Francisco García Lorca afirma que Federico no fue muy precoz a la hora de escribir versos, pero una vez comenzada esta actividad, se entregó a ella con decisión y entusiasmo. Entre 1921, fecha de la publicación de su primer libro de poemas, y 1936, año de su muerte, se extiende la obra poética de Lorca.

En 1921, como hemos señalado, publica *Libro de Poemas*. Ya vivía en Madrid, en la Residencia de Estudiantes, y la edición de la obra fue sufragada por su padre. Este libro juvenil refleja las lecturas de Bécquer y de Rubén Darío, y la más reciente de Juan Ramón Jiménez. Domina en él un tono melancólico con evocaciones de la infancia como paraíso irremediablemente perdido, pues expresa las inquietudes de un joven que se está haciendo consciente de la pérdida de la inocencia. Lorca, refiriéndose a él mucho más tarde, afirmó: «Hay en esta obra el gusto de mezclar imágenes astronómicas con insectos y hechos vulgares, que son notas primarias de mi carácter poético». En efecto, en *Libro de Poemas* aparece ya un espíritu singular, que caracterizará su obra restante.

Los años que van de 1921 a 1924 son de una enorme fecundidad, pues en ellos Lorca se ocupa en la composición de tres libros al mismo tiempo: *Suites* (1920-1921, publicado póstumamente), *Canciones*, publicado en 1927, y *Poema del cante jondo,* que no aparecerá hasta 1931. *Canciones* supone una afirmación de la sencillez popular, que coincide con el sentido vanguardista del arte como juego intrascendente y busca a un tiempo la desnudez de la poesía de Juan Ramón. Sin embargo, posee también este libro la grandeza trágica que caracterizará su obra posterior, sobre todo en las composiciones cuyos protagonistas son jinetes que se esfuerzan por huir de su propio destino. Con este libro Lorca se inscribe en la tradición del cancionero popular, de una manera personal y singularísima.

La idea de componer *Poema del cante jondo* aparece unida a la organización de un concurso de cante jondo en Granada, en 1921, proyecto común de Lorca y Manuel de Falla. Esta es la primera ocasión en que intenta interpretar un mundo ajeno a su propio yo íntimo. Está muy relacionado este intento con el que Falla había hecho al componer *La vida breve* y *El amor brujo*. Lo mejor del cante flamenco y lo más primitivo del espíritu andaluz está expresado en este libro, esa verdad que, en sus palabras, «es más grito que gesto». García Lorca habló así de su libro: «Su ritmo es estilizadamente popular... es la primera cosa de otra orientación mía y no sé todavía qué decir de él... ¡pero novedad sí tiene!... los poetas españoles no han tocado nunca este tema y siquiera por el atrevimiento merezco una sonrisa». El ROMANCERO GITANO (1928) se inscribe en esta misma línea, como comentaremos más adelante.

Aquí concluye la primera etapa, de orientación populista, de la poesía de Lorca, que iría desde 1921 *(Libro de Poemas),* hasta 1928 (ROMANCERO GITANO). En la misma época escribió poemas en prosa, publicados en distintas revistas, de 1927 a 1929.

Poeta en Nueva York, escrito entre 1930 y 1932, pero que no aparecerá hasta después de su muerte, marca la segunda etapa en la obra de Lorca, en la que va a dar un giro y se va a internar en el mundo de la sociedad capitalista, opuesto al primitivismo mítico anterior, aunque, como bien señala Mario Hernández en su edición de *Poema del cante jondo,* la actitud del poeta como «intérprete» es la misma en el ROMANCERO GITANO que en *Poeta en Nueva York.*

Este libro es fruto de la estancia de Lorca en Estados Unidos. Como ya hemos señalado, su viaje al país norteamericano se produjo en un momento de crisis personal. A esta situación de inestabilidad y zozobra se añadió el choque entre el mundo campesino y religioso y la civilización materialista moderna. Llegó Lorca a Estados Unidos en una coyuntura muy especial, el momento de la caída de la bolsa neoyorquina. Con una lucidez impresionante, identificó al hombre norteamericano como pieza de una máquina en la que se ahoga y es humillado. Y la figura que mejor representa esa humillación es el hombre de color. En el negro se aúnan la grandeza y la marginación, el destino trágico que en sus libros anteriores representaba el gitano andaluz. Lorca afirma entonces con rotundidad que los negros fueron lo más espiritual y delicado que encontró en Norteamérica. Formalmente abandona la métrica tradicional y se interna en el caos de un ritmo menos ortodoxo, donde aparecerán imágenes visionarias que nos recuerdan a los poetas surrealistas. Así representa la irracionalidad de una sociedad asentada sobre el absurdo. Un tono profético de indignación y amenaza aparece en poemas como «Oda al rey de Harlem» o «Grito hacia Roma».

A partir de ese momento, durante los últimos años de la República, Lorca trabajará en la elaboración de dos libros: *Diván del Tamarit* y *Sonetos del amor oscuro*. Además, en 1935, compone una de sus piezas más importantes, el *Llanto por Ignacio Sánchez Mejías*. El *Diván del Tamarit*, escrito entre 1932 y 1935, no aparecerá hasta 1940, en las páginas de la *Revista Hispánica Moderna*. Según afirma Mario Hernández, «este breve conjunto de gacelas y casidas constituye una de sus expresiones más acabadas y complejas; además de ser uno de los grandes libros de la poesía europea de este siglo, constituye la más acendrada defensa de la inspiración, que conecta su obra con el mundo de lo ultrasensible». Libro hermético y misterioso, que posee la gracia, la frescura y la sensualidad de la poesía arábigo-andaluza y supone un homenaje a Granada y a la tradición oriental, como señaló Emilio García Gómez; pero, a la vez, libro íntimo, apasionado. En él Lorca vuelve a su origen andaluz, sin renunciar a los hallazgos de su trayectoria poética.

Los *Sonetos del amor oscuro* aparecieron por primera vez, de manera incompleta, en 1941, y fueron calificados por Vicente Aleixandre como un «prodigio de pasión, de entusiasmo, de felicidad, de tormento, puro y ardiente monumento al amor». El amor oscuro, prohibido, se expresa ahora dentro del marco estricto del soneto, ajustado a una exacta disciplina. Las huellas de San Juan de la Cruz, Góngora o Quevedo, conviven con la relación cotidiana de las anécdotas propias de una historia de amor, y el amor se sitúa en este libro bajo el signo de la oscuridad y la desesperanza. Como señala Javier Ruiz Portella, «el amor, aquí, no sólo es el de los sentimientos y el corazón. Es también, y con igual intensidad, el amor de la carne». Un erotismo trágico inunda con sensualidad y dramatismo los endecasílabos por los que discurre la última obra de Lorca.

Llanto por Ignacio Sánchez Mejías es una elegía al torero sevillano, muerto en la plaza de Manzanares. Como señala Francisco García Lorca, esta elegía es «un poema de integración y, por ello, en cierto modo, el más lorquiano, el que refleja mejor el rostro del poeta. En él alternan innovación y tradición, libertad creadora y disciplina, ímpetu lírico y enfrentamiento». El peso de la tradición se deja notar en el mismo título de la elegía, *Llanto,* pues «planto» o «llanto» era como se denominaban los poemas dedicados a los muertos en la Edad Media. Pero las doloridas imágenes irracionales, las personificaciones y sinestesias nos trasladan inmediatamente a la modernidad. Es en esa fusión de lo interior y lo exterior, de la tradición y la vanguardia, donde la elegía al torero muerto asciende a las cimas más altas de la palabra poética.

En definitiva, escribe García-Posada, «el universo lorquiano es una maraña de temas, motivos y símbolos que se repiten e imbrican con admirable fidelidad. De ahí la imposibilidad de leer a Lorca de manera lineal, pues toda su obra resulta ser una especie de espiral donde todos los elementos se corresponden y contrastan». Un poema épico que iba a llevar el título de Adán era el proyecto que Lorca tenía entre las manos cuando fue asesinado en 1936.

ROMANCERO GITANO

En julio de 1928, la editorial de la Revista de Occidente publica este libro con el título de ROMANCERO GITANO en la cubierta y *Primer romancero gitano* en la portada. Su elaboración ha sido larga, entre 1922 y 1926. Como explica Christian De Paepe en su documentada edición, la primera vez que Lorca anuncia su intención de componer un conjunto de romances data de 1922, y dos años más tarde ya tiene el plan de publicar un libro con estas composiciones. El primero de los romances, en cuanto a la fecha de su escritura, es el *Romance de la luna, luna,* al que seguirán el *Romance de la pena negra* y el *Romance sonámbulo*. En una lectura pública en el Ateneo de Valladolid, en 1926, anuncia el título de ROMANCERO GITANO para un libro que ya tiene elaborado. Sin embargo, un año más tarde, Lorca reconoce su cansancio con respecto al proyecto de iniciar el montaje del libro. Le hastía el encasillamiento que estos romances suponen para su personalidad de poeta. En una carta se lo dice a su amigo Jorge Guillén: «Me va molestando un poco "mi mito" de gitanería. Confunden mi vida y mi carácter. No quiero, de ninguna manera. Los gitanos son un tema, y nada más».

En 1928, después de su publicación, escribe a Fernández Almagro: «Claro que mi libro no lo han entendido los putrefactos, aunque ellos digan que sí. A pesar de todo, a mí ya no me interesa nada o casi nada. Se me ha muerto en las manos de la manera más tierna. Mi poesía tiene ahora otro vuelo más agudo todavía». Así pues, Lorca tenía en ese momento una clara conciencia de haber acabado, de la manera más brillante, con una etapa de su obra.

El Romancero gitano *y la tradición*

Como señala Mario Hernández, tanto en *Poema del cante jondo* como en ROMANCERO GITANO la actitud de Lorca es la del poeta «intérprete». Esta actitud se asemeja a la del «cantaor» de flamenco, que él mismo definía así en su conferencia sobre el cante jondo: «La figura del "cantaor" está dentro de dos grandes líneas: el arco del cielo en el exterior y el zigzag que culebrea dentro de su alma». Este equilibrio entre interior y exterior, que hace del poeta un transmisor efímero de la emoción cósmica, es la postura que Lorca adopta en el ROMANCERO GITANO. El canto, entonces, adquiere un carácter sagrado, mítico: «El cantaor, cuando canta, celebra un solemne rito, saca las viejas esencias dormidas y las lanza al viento envueltas en su voz», sigue diciendo en la misma conferencia.

Un panteísmo de origen religioso presente en este libro pone en comunicación los diferentes elementos naturales con los profundos sentimientos del hombre. En este sentido habría que señalar la insistente personificación del «viento» en algunos romances, con un significado erótico indudable; o la personificación de la «pena» en una figura dramáticamente femenina. El gran tema del cante flamenco es la pena, y ese es el motivo central del ROMANCERO GITANO, cargado, como las seguirillas o las soleás, de un tremendo patetismo. La pena andaluza posee en el ROMANCERO —vuelve a señalar Mario Hernández— un carácter integrador. Lorca acude para expresarla a multitud de fuentes de inspiración que no son exclusivamente gitanas. En el ROMANCERO aparece, por ejemplo, un romance de tema judío: *Thamar y Amnón*. Por eso este libro puede ser considerado gitano-andaluz y supone una superación de lo exclusivamente localista o folclórico. En la conferencia-recital sobre su ROMANCERO afirmaría refiriéndose a esta obra: «Un libro donde apenas si está expresada la Andalucía que se ve... Un libro antipintoresco, antifolclórico, antiflamenco... donde las figuras sirven a fondos milenarios y donde no hay más que un solo personaje que es la Pena». El elemento flamenco andaluz adquiere así un carácter universal, a la vez que permanece religiosamente enraizado en sus orígenes gitanos. Es una Andalucía invisible, celeste más que terrestre, la que se alza sobre este escenario mágico, con la transparencia propia de toda mirada poética. Es ese misterio el que Lorca expresa en sus romances y del que, como el cantaor, intenta ser un intérprete respetuoso.

Por todo lo que acabamos de explicar, el ROMANCERO GITANO se inscribe en la tendencia neopopulista de la Generación del 27. A esta tradición se une la más antigua del romancero nuevo o artístico, que ya desde el Siglo de Oro venía siendo una constante en nuestra literatura. Poetas de la talla de Lope o Góngora escribieron romances en los que conservaban la métrica y los rasgos del estilo popular, aunque estuvieran dentro de la línea culta. Esta misma actitud es la que resucitaron los poetas románticos, el Duque de Rivas o Zorrilla. Y ya en el siglo XX, Antonio Machado, con *La tierra de Alvargonzález,* había intentado algo semejante. Lo que Alberti, su compañero de generación, consiguió al reelaborar el espíritu del cancionero popular, lo logra Lorca con el romancero tradicional en el libro que nos ocupa. Como señala De Paepe: «Lorca aparece como el fiel receptor de las voces de antaño y del momento, voces que reelabora, transforma y recrea dentro del mismo estilo, pero adaptándolas a nuevas situaciones narrativas, al metro romancista, a personajes mítico-histórico actuales».

No debemos olvidar, sin embargo, que en la época en que elabora el ROMANCERO GITANO se da la denominada tendencia neogongorina en la Generación del 27, que adquiere su punto más álgido en las celebraciones del tercer centenario del poeta cordobés. De Góngora, Lorca valora la singularidad y la fuerza expresiva de las imágenes, como queda patente en su conferencia *La imagen poética en Góngora.* El elemento mitológico, común a ambos, vertebra también este libro, y su patético sentido de la muerte coincide con la angustia barroca de los poetas del Siglo de Oro. Más allá de la aparente transparencia narrativa de sus romances, el hermetismo y la exactitud cerebral de las imágenes nos remiten a la tradición culta, y con ella, aunque puede parecer paradójico, a la poesía vanguardista, que coincidía en considerar al poema como una creación absoluta, no como una representación del mundo. Vicente Huidobro, el creacionista chileno, había proclamado unos años atrás: «¿Por qué cantáis la rosa, oh poetas? ¡Hacedla florecer en el poema!».

«El romance típico —decía García Lorca en su conferencia recital— había sido siempre una narración... porque cuando se hacía lírico, sin eco de anécdota, se convertía en canción. Yo quise fundir el romance narrativo con el lírico sin que perdieran ninguna calidad». Así pues, el lirismo del ROMANCERO GITANO, su misterio auténticamente poético, surge al superar, por medio de la imagen, la anécdota que caracterizaba al romancero viejo, al ascender por las escaleras de la narración hacia un más allá celeste, indefinido. Así, la antigua tradición popular y la clásica tradición culta se integran en un mosaico en el que no falta el brillo de la última poesía de vanguardia. Según afirma Daniel Devoto: «La evolución de García Lorca, idéntica a la de Falla, nos ilustra de manera perfecta sobre ese paso decisivo de lo nacional —casi lo regional—, raíz y trampolín, a lo universal, a lo de todos y lo de siempre».

Los símbolos en el Romancero gitano

La palabra «símbolo» significaba en griego «señal para reconocerse» y, como explica Emilio Lledó, el símbolo, que en su origen fue una tablilla a la que le faltaba un pedazo que había que buscar y hacer coincidir, se asocia a la partitura, la señal o el plano incompleto. La palabra poética es símbolo porque necesita para ser comprendida de la mirada del lector, de su interpretación y reconocimiento.

La poesía de García Lorca es radicalmente simbólica y, para ser entendida en su complejidad, nos remite al mundo del mito, a la conformación primitiva de la memoria ancestral. Allí encuentra su significación ambigua y exacta al mismo tiempo.

Se han realizado muchas interpretaciones de los símbolos de Lorca y algunas de ellas nos pueden a ayudar a acercarnos a ese universo tan misterioso que conforman las imágenes y las figuras en el ROMANCERO GITANO. Uno de los trabajos más interesantes sobre ese tema es el realizado por J. M. Aguirre. Según Aguirre, aparecen dos conflictos básicos en el libro, que se expresan a través de múltiples signos: un erotismo opuesto a las normas sociales y una preocupación obsesiva por la esterilidad en la relación amorosa. El gitano encarnaría el conflicto entre instinto y sociedad. Juan López Morillas ya había señalado que «el afán del gitano por vivir sin trabas y su forzoso sedentarismo simboliza el conflicto entre primitivismo y civilización». El gitano, ser problemático, fracasa forzosamente en sus intentos de adaptación a la sociedad y sucumbe a su *fatum* o destino trágico. Pero a la vez es allí donde reside su grandeza. Este personaje abocado a la muerte y a la frustración adquiere en la obra de Lorca otras representaciones; el negro de *Poeta en Nueva York,* la protagonista de *Mariana Pineda,* el torero Sánchez Mejías o el enamorado de los *Sonetos del amor oscuro.*

Otros símbolos son constantes en el ROMANCERO GITANO: la luna como representante de la muerte y la petrificación; el viento, símbolo del erotismo masculino; el pozo como expresión de la pasión estancada, sin salida... Es muy interesante en el estudio de J. M. Aguirre su interpretación del color «verde» como símbolo del deseo prohibido que conduce a la frustración y a la esterilidad. Siguiendo con este discurso, la figura del caballo representaría la pasión, el instinto desenfrenado que conduce al jinete gitano hacia la muerte, pues nunca alcanza el destino que añora. José Francisco Cirre explica que el caballo es el «elemento móvil y obligatoriamente trágico de un país estático. Movilidad defensiva porque el tiempo del caballo es limitado y el de la muerte infinito». Concha Zardoya constata la importancia de los «espejos» en el mundo poético de Lorca. El espejo es en el ROMANCERO GITANO un símbolo polivalente: significa el hogar y la vida sedentaria y recoge valores cromáticos, acústicos, etc. Los ojos aparecen en más de una ocasión en estos romances como representaciones metafóricas del espejo, y la luna es finalmente el gran espejo sobre el que se refleja el mundo.

Todas estas representaciones coinciden con la versión psicoanalítica del subconsciente colectivo de las teorías de Jung, y nos remiten a una visión mítica, muy acorde con la sensibilidad lorquiana. Ahora bien, estas interpretaciones limitarían el significado de los poemas si las aplicáramos de manera mecánica, si creyéramos agotar con ellas el misterio de la obra de Federico García Lorca. Deben funcionar más bien como luciérnagas que nos alumbren en la oscura profundidad del poema, para que no nos perdamos en su laberinto. No debemos olvidar, sin embargo, que en esas tinieblas, nunca alumbradas del todo, reside la esencia singular de la poesía.

Métrica y estilo en el Romancero gitano

La medida y la rima del ROMANCERO GITANO se atienen en términos generales al molde del romancero tradicional. El octosílabo sólo es sustituido en contadas ocasiones, como en *La casada infiel,* cuyo primer verso es un decasílabo. Capítulo aparte es la *Burla de Don Pedro a caballo,* antirromance, burla irónica del resto de las composiciones del libro. Christian De Paepe señala cómo en los romances divididos en distintas secciones las rimas se alternan para subrayar los diferentes modos de expresión —narrativos o descriptivos—, los cambios de personajes o de escenarios, etc. (véanse págs. 65-70).

En cuanto a los rasgos del estilo, muchos de ellos nos remiten al romancero tradicional. La transmisión oral de los antiguos romances populares traía como consecuencia su tendencia al fragmentarismo. Este fragmentarismo conllevaba unos rasgos que Lorca recoge en el ROMANCERO GITANO (véanse págs. 70-78). Enumeraremos los más importantes:

1. Las conjunciones «y» o «que» con las que comienza *La casada infiel:* «Y que yo me la llevé al río...». Estas conjunciones dan al poema un valor continuativo, como si fuera el fragmento de una composición previa, más larga, y en parte olvidada.

2. El comienzo abrupto, *in medias res,* de muchos romances se explica de la misma manera. Algo similar ocurre con el

final truncado, característica del romancero viejo, y que tiene su paradigma en el maravilloso *Romance del Conde Arnaldos*. El poema se corta con un final abrupto, sin efecto de cierre, lo que le dota de ambigüedad y sugerencia. Un ejemplo sería la *Burla de Don Pedro a caballo,* que termina: «David con unas tijeras / cortó las cuerdas del arpa».

3. Otra característica del romancero tradicional era la alternancia verbal o «disimetría verbal». La combinación del presente con el imperfecto, el futuro con el condicional, etc., como, por ejemplo, en el famoso *Romance de Abenamar*. En el ROMANCERO GITANO el uso de las formas verbales, sin ser caprichoso, obedece también a razones más intuitivas que lógicas. Juan Cano Ballesta ha estudiado el sistema de formas verbales del ROMANCERO GITANO. Señala este autor que la forma verbal más abundante es la del presente de indicativo. Joaquín González Muela había constatado el predominio del presente en muchos poemas modernos, «como si el presente en la poesía estuviera relacionado con presentar, mirad cómo van los seres, mirad lo que están haciendo...». Por medio de esta forma se logra la actualización intensificadora de la narración, con una función dramática. Como en la escena teatral, los sucesos se desarrollan en presente. *Preciosa y el aire* es un ejemplo de este fenómeno.

El presente combina muy bien con el imperfecto, pues ambas formas son de aspecto imperfectivo. De hecho al imperfecto se le ha llamado «presente del pasado». Pero cuando el imperfecto sustituye al indefinido, evoca cuadros intuitivos, se dirige directo a la imaginación. Aparece este imperfecto sobre todo con verbos de movimiento, dotando así al poema de un especial dinamismo. Un ejemplo de esta utilización del imperfecto es «El romance de la luna, luna».

El pretérito indefinido, tiempo apropiado sobre todo para la narración, aparece en el romancero de Lorca destemporalizado, en combinación con otras formas verbales. Es la forma más precisa para captar los momentos terribles y trágicos: el hundimiento del mundo gitano o la muerte de los héroes. Un ejemplo es el romance del *Prendimiento de Anto-ñito el Camborio.*

Esta utilización especial de las formas verbales dota tanto al ROMANCERO GITANO como al romancero tradicional de un carácter más lírico que narrativo, la categoría de tiempo pasa a un segundo plano, pues su función es ahora subrayar aspectos y matices de valor poético.

Sin duda el romancero tradicional deja en el ROMANCERO de Lorca unas huellas patentes, pero si algo caracteriza al ROMANCERO GITANO es la riqueza y originalidad de sus metáforas, que no deben nada al estilo de la poesía de transmisión oral. Hay un universo simbólico que propicia una animación de la naturaleza, e incluso de las emociones, y se plasma en expresivas prosopopeyas. En *Reyerta,* por ejemplo, la tarde cae desmayada sobre los muslos de los jinetes, y en *San Miguel,* el mar baila en la playa. La personificación del viento dota a éste de un carácter mítico en los poemas de Lorca. El viento aparece en *Preciosa y el aire,* calificado por un sustantivo cargado de expresividad y con una función personalizadora: viento-hombrón. Al lado de la personificación encontramos también la animalización, como en *La monja gitana,* en el que leemos: «La iglesia gruñe a lo lejos / como un oso panza arriba». Pero las personificaciones con más hondura emocional son las de la pena o la muerte, pues ellas inciden en los motivos centrales del romancero, como en el *Romance de la pena negra:* «Oh pena de los gitanos / pena limpia y siempre sola».

Las comparaciones y metáforas son también abundantes y destacan sobre todo las que hacen alusión al léxico floral y al mundo taurino. El contraste entre la delicadeza de las flores y la violencia de la sangre produce un efecto vivamente intensificador en *Reyerta:* «Su cuerpo lleno de lirios, / y una granada en las sienes». La extrema complejidad de alguna de sus metáforas nos recuerda el barroquismo gongorino, como en el *Romance del emplazado,* donde podemos leer:

> Los densos bueyes del agua
> embisten a los muchachos
> que se bañan en las lunas
> de sus cuerpos ondulados.

Otras veces, sin embargo, una sencilla comparación soporta el peso profundo de la emoción o el deseo, como en el romance *San Miguel,* donde Lorca caracteriza así a las manolas: «Los culos grandes y ocultos / como planetas de cobre». La adjetivación produce efectos sonoros, táctiles y cromáticos. En el universo de Lorca todo está presidido por las correspondencias, entre emociones, acontecimientos, paisajes, etc. Las sinestesia, como «blancos almidonados», «viento verde», «rumores calientes», «silencios de goma», etc., relacionan el ROMANCERO GITANO con la poesía simbolista. Manuel Durán señala en el ROMANCERO algunos giros que nos remiten a las greguerías de Gómez de la Serna. Señalamos algunos ejemplos:

> Tres golpes de sangre tuvo
> y se murió de perfil.
> Viva moneda que nunca
> se volverá a repetir.

> *

> Noche de torsos yacentes
> Y estrellas de nariz rota
> aguarda grietas del alba
> para derrumbarse toda.

Otras veces aparecen imágenes que nos remiten al mundo del cubismo, como esta que pertenece al romance *Muerto de amor:* «Fachadas de cal ponían / cuadrada y blanca la noche».

Lorca había hecho suya la afirmación de Ortega y Gasset que definía a la poesía como «el álgebra superior de las metáforas». No hay, por ello, en el ROMANCERO GITANO ninguna concesión al automatismo surrealista ni sus imágenes poseen un carácter onírico. En su conferencia sobre *La imagen poética en Góngora,* Lorca había explicado: «El poeta tiene que ser profesor en los cinco sentidos corporales, en este orden: vista, oído, tacto, olfato y gusto. Para que la metáfora tenga vida, necesita dos condiciones esenciales: forma y radio de acción. Su núcleo central y una redonda perspectiva en torno a él. El núcleo se abre como una flor que nos sorprende por lo desconocido, pero en el radio de luz que lo rodea hallamos el nombre de la flor y conocemos su perfume.»

Así pues, vanguardismo, gongorismo y reminiscencias del modelo tradicional se combinan en el brillante entramado formal del ROMANCERO GITANO. Pero la originalidad del libro reside en que esta combinación, bien controlada y ordenada por el poeta, nunca desborda el cauce por el que transcurre. Cauce que desemboca en la expresión de un vivo dolor, luminoso, que alumbra como un cuchillo en la noche misteriosa de su universo poético.

ESPERANZA ORTEGA

EL *ROMANCERO GITANO*

Estudio de Christian De Paepe [*]

Los «romances gitanos» y el Romancero gitano

La historia redaccional y editorial del ROMANCERO GITANO demuestra que evolucionó de una pluralidad de poemas a un conjunto unitario, de una serie de *romances gitanos* a un *romancero gitano*. Unidad del género lírico en base de unos elementos expresivos técnico-estilísticos: de romances a romancero; unidad de inspiración temática y de tono: gitano. Importa destacar estos factores de fundamental unidad para entender la final homogeneidad del libro en su edición príncipe y definitiva. Quiero subrayar que el libro entero participa de la calificación de «gitano» que el poeta le fue adscribiendo a *todos* sus romances a lo largo de los tres años de redacción del conjunto.

Con esta afirmación, que puede parecer retórica y perentoria, dado el título unificante del libro, quiero, empero, oponerme a cierta crítica que trata de distinguir dentro de los romances del ROMANCERO GITANO los propiamente gitanos y los otros.

---

[*] Los apartados que a continuación se ofrecen pertenecen a la Introducción de Christian De Paepe a su edición del *Romancero gitano* (Clásicos Castellanos, 15, Espasa Calpe, Madrid, 1991). Para un estudio más amplio y detallado de la obra remitimos a dicha edición.

En mi opinión todos los romances son bien y propiamente gitanos, aunque en proporciones no siempre igualmente explícitas. Aun prescindiendo de los numerosos elementos que ilustran el tema y el ambiente gitanos (como, por ejemplo, fragua, yunque, metales, tipos, ritos y creencias gitanas...) y ateniéndonos exclusivamente al término léxico «gitano», se puede registrar el siguiente índice gitano:

> *Romances gitanos:* título colectivo en manuscritos autógrafos editados por Rafael Martínez Nadal de la primera serie de romances:

1. *Romance gitano de la luna luna de los gitanos* (en carta a Melchor Fernández Almagro) — *Romance de la luna de los gitanos* (en *El Norte de Castilla* y *Verso y Prosa,* Boletín de la Joven literatura, Murcia I, núm. 7, julio de 1927, pág. 2); vv. 10, 14, 26, 34; «este romance gitano...» en carta a M. Fernández Almagro.
2. *Preciosa y el aire* lleva como subtítulo «romance gitano» en manuscritos apógrafos entregados por FGL a Enrique Díez Canedo; vv. 13, 51; «es un romance gitano» en carta a J. Guillén; Preciosa es el nombre de *La Gitanilla* en las *Novelas ejemplares* de Cervantes.
3. *Reyerta de gitanos (L'Amic de les Arts,* Gaseta de Sitges, núm. 15, 30 de junio de 1927, pág. 45).
4. *La gitana* (título primitivo en el manuscrito de la Fundación F. García Lorca en el *Romance sonámbulo); vv.* 10, 74.
5. *La monja gitana.*
6. *Romances gitanos I La casada infiel (Revista de Occidente,* vol. XIX, núm. 55, enero de 1928, págs. 40-46); v. 49.
7. *Romances gitanos: Romance de la pena negra* (manuscritos autógrafos editados por Rafael Martínez Nadal); v. 43.
8. *San Miguel:* lleva en los manuscritos de la Fundación el subtítulo *Romance gitano; Romances gitanos I San Miguel* (Litoral).
9. *San Rafael.*
10. *San Gabriel:* v. 25.
11. *Prendimiento de Antoñito el Camborio* tiene como subtítulo «romance gitano» en manuscritos apógrafos entregados por FGL a Enrique Díez Canedo; *Romances gitanos II Prendimiento de Antoñito el Camborio* (Litoral); v. 35.

12. *Muerte de Antoñito el Camborio* (cfr. 11).
13. *Muerto de amor:* v. 37.
14. *Romance del emplazado:* el Amargo es el gitano del *Diálogo del Amargo* del *Poema del cante jondo.*
15. *Romance de la Guardia civil española:* vv. 21, 27, 39, 57, 67, 86, 94, 117, 121.
16. *Martirio de Santa Olalla gitana de Mérida* (manuscrito en la Fundación F. García Lorca) — *Romance del Martirio de la gitana Santa Olalla de Mérida* (en carta a J. Guillén).
18. *Thamar y Amnón:* v. 86.

Es cierto que los romances de la primera serie (julio-agosto de 1924) llevan más marcada la característica «gitana». Los de principios de 1926 también participan todavía muy explícitamente de la misma impronta. Hay un período de acentuación gitana menos fuerte, sobre todo a partir de mediados de 1926, cuando el poeta empieza a sentirse molesto por el mito personal de gitanería, que poco a poco se está divulgando a causa del tema tratado en sus romances. Pero esto no significa del todo que los últimos romances redactados fueran menos «romances gitanos» que los primeros[1].

Tampoco se pueden distinguir claramente en el libro, tal como se ha organizado para su edición príncipe, segmentos según una más o menos marcada presencia del elemento gitano. Muy concretamente, no me parece posible hacer coincidir la subdivisión del libro en dos partes (1. los romances 1 hasta 15, y 2. los «tres romances históricos», 16-18), según el falso criterio de la presencia o ausencia gitana. La presencia gitana se halla equivalentemente distribuida sobre la totalidad

---

[1]   Para comprobarlo basta con observar con atención, por ejemplo, dos romances cuya historia redaccional nos enseña que fueron acabados hacia finales de 1926, después de una anterior tentativa de primera redacción: el *Romance de la Guardia civil española* y el *Martirio de Santa Olalla.* La mención explícita del elemento léxico gitano es particularmente abundante en el texto de aquél, mientras que en éste son mayormente los diversos títulos que ilustran la idea gitana.

de los dieciocho romances[2]. Podemos concluir que, a pesar de la desgana psicológica y social que el poeta experimentó para el tema gitano hacia finales de 1926 y principios de 1927, el libro se presenta con una permanente y marcada característica gitana. Los romances gitanos de la primera hora muestran, por cierto, una preferencia por esta característica, pero se encuentran mezclados con otros romances más tardíos. La separación de una sección aparte de tres romances históricos no se hizo en base a una disminución del elemento propiamente gitano. Todo el libro es, en completo acuerdo con los materiales críticos, con el texto de los romances, con el título unitario y con la numeración continua de los romances del 1 a 18, un libro «gitano». Más adelante discutiré un tanto más este concepto de «gitano». Importaba primero asentar bien la fundamental unidad del libro.

Romances gitanos, míticos, históricos y otros

La documentación autógrafa conservada y la versión definitiva demuestran que en el interior de esta fundamental unidad el poeta quiso introducir ciertas distinciones de las que algunas sólo presentan carácter pasajero, mientras otras, al contrario, son definitivas. Importa analizar aquí estas categorías distintivas.

Durante la primera fase redaccional de julio-agosto de 1924, Lorca no parece haberse enfrentado seriamente con el problema de la subdivisión de sus «romances gitanos» en subcategorías. Sólo a partir del año 1926 —cuando reanuda su proyecto de

---

[2]   Por otra parte, el elemento «romano» no es exclusivo del romance de Santa Olalla (explícitamente llamada «gitana» de Mérida): aparece igualmente en *Reyerta* («de gitanos») en los vv. 29-30, en *San Rafael* (v. 4), y en el romance del emplazado (v. 55). Ni «la gesta bíblica» es propia de *Thamar y Amnón:* ahí están, por ejemplo, los tres arcángeles, particularmente la historia bíblica de San Rafael, y la explícita comparación con la masacre de Belén en el *Romance de la Guardia civil española.*

un romancero, corrige y copia en limpio poemas anteriores y compone una nueva serie de romances—, el «arreglo» le empuja a pensar en secciones organizadas dentro de su libro. El mismo fenómeno se observa, pero con más éxito, en el arreglo contemporáneo de sus demás libros, con esta diferencia empero, que por lo menos para las *Suites* y el *Poema del cante jondo,* los borradores autógrafos ya ofrecían cierta organización por secciones [3].

En el reverso del manuscrito 1 del romance de *San Gabriel* [4] se lee la siguiente nota autógrafa:

Romances míticos:

Thamar
Preciosa
Luna Luna
Olalla

Romances

Esta lista exige detenido comentario. Prueba primero que el poeta estuvo buscando cierto modelo de ordenación para sus romances gitanos. Por lo visto, no todos pertenecían a una misma y única categoría, puesto que en el momento de la redacción de su nota, Lorca distinguía al menos dos secciones: una, con calificación de «romances míticos», y una supuesta otra que no llegó a formular claramente y que luego tachó. Cuando se examina ahora la lista de los cuatro romances calificados de «míticos», se observa que el *Romance de la luna, luna*

---

[3] Para el *Poema del cante jondo* remito al capítulo II *Génesis y formación de la estructura del PCJ* de mi edición *PCJ,* Madrid, Espasa Calpe, Clásicos Castellanos, 2, 1986, págs. 41-100. Para el caso bastante diferente de las *Canciones* se puede consultar la edición de P. Menarini, en Clásicos Castellanos, 1, págs. 12-16.

[4] *Autógrafos I,* facsímiles de 87 poemas y tres prosas (ed. Rafael Martínez Nadal), Oxford, The Delphin Book, 1975, págs. 158-159.

y *Preciosa y el aire* son en la edición príncipe los dos primeros romances del libro, mientras que el *Martirio de Santa Olalla* y *Thamar y Amnón,* al contrario, están en la sección final, llamada: *Tres romances históricos.* La posición inicial y final muy marcada de los cuatro romances «míticos» en el libro definitivamente ordenado, y la doble calificación de dos de ellos, tanto como míticos cuanto como históricos, nos debe preservar contra la fácil tentación de dar una solución a este problema diciendo, por ejemplo, que, frente a los tres romances históricos finales, todos los demás pueden ser considerados como míticos.

El carácter «mítico» de algunos romances le había inspirado a Lorca algún comentario en sus cartas a los amigos. Un fragmento de la carta a Jorge Guillén del 2 de marzo de 1926 es particularmente instructivo a este propósito:

> *Preciosa y el aire* es un romance gitano, que es un *mito* inventado por mí. En esta parte del romancero procuro armonizar lo *mitológico gitano* con lo puramente vulgar de los días presentes y el resultado es extraño, pero creo de belleza nueva. (Quiero conseguir que las imágenes que hago sobre los tipos sean *entendidas* por éstos y sean visiones del mundo que viven, y de esta manera hacen el romance *trabado* y sólido como una piedra) [5].

Más allá del caso concreto del romance gitano, *Preciosa y el aire* (uno de los cuatro romances «míticos» de la lista arriba mencionada), calificado de «mito inventado», Lorca parece distinguir una vez más diferentes secciones dentro de su libro: «En esta parte del romancero...». Sin llegar a definir las características de la(s) otra(s) parte(s) de su romancero, define «esta parte» como una tentativa de «armonizar lo *mitológico gitano* con lo puramente vulgar de los días presentes...». Esta afirmación con vagas resonancias de teoría literaria tiende a reformu-

---

    [5]   F. García Lorca, *Epistolario I* (ed. Chr. Maurer), Madrid, Alianza, 1983, págs. 148-149.

lar en nuevos términos el estatuto tradicional de la literatura mitológica. En vez de recrear una vez más según los cánones del género, los tipos y mitos fijos, sobrehumanos, extratemporales y extraterrestres de la mitológica historia gitana, Lorca propone otra doble forma de creación: por un lado, la invención de *nuevos* tipos y mitos, y por el otro, la *mezcla* de lo transhistórico divino gitano con la vida cotidiana y vulgarmente mundana del gitano andaluz de los años veinte. Los tipos así nuevamente creados o fruto de esta amalgama de lo soberanamente atemporal y lo cotidianamente vulgar podrán ser entendidos por los gitanos andaluces contemporáneos, porque su mundo imaginario y visionario será el reflejo del mundo actual «que viven» todos los días.

A la luz de este texto fundamental las varias calificaciones, tanto la eliminada («romances míticos») como las definitivas («romances gitanos» y «romances históricos»), encuentran su explicación. Todo el ROMANCERO es propiamente «gitano» e incluso «mitológico gitano». La primera parte, la que no lleva título particular en la edición definitiva, es esencialmente consagrada a tipos y mitos de esta nueva mitología gitana lorquiana, resultado tanto de creación de nuevos tipos y visiones como de la fusión y mixtión del elemento mitológico tradicional con el presente vulgar. La segunda parte, llamada *Tres romances históricos,* ofrece por su lado tres romances mitológicos gitanos, donde no hay ni creación de nuevos tipos, ni mitos, ni sitio para adaptación a la actualidad, sino mitologización y agitanización por Lorca de figuras del pasado pertenecientes bien a la historia religiosa, bien a la tradición literaria.

Antes de pasar al análisis más detenido de la macroestructura de las dos secciones del ROMANCERO GITANO, tengo que apuntar todavía un último elemento: la entrada del «romance con lagunas» en el conjunto del libro. He llamado a este romance «precursor» en el sentido de que, sin ser originalmente pensado como romance gitano ni corresponder formalmente a los demás del ciclo, pudo, sin embargo, entrar más tarde a formar parte del mismo. La *Burla de Don Pedro a caballo* no fi-

gura nunca entre los materiales críticos del romancero hasta
muy avanzada la última fase redaccional del libro (segunda
mitad de 1926). Después de diciembre de 1921 (fecha de redacción) reaparece por primera vez en una lista de romances
que se halla en el reverso de la última hoja del manuscrito del
Romance del emplazado:

> Thamar
> Guardia civil
> S. Gabriel
> S. Rafael
> Muerte de Antoñito el Camborio
> Don Pedro enamorado
> Romance del emplazado

Don Pedro enamorado debe ser el título renovado (o una
descripción temática) del primitivo *Romance con lagunas.*
Circunstancias muy concretas (la publicación del *Romance
apócrifo de Don Luis a caballo,* falsamente atribuido a Lorca)
motivaron un nuevo cambio de título: *Burla de Don Pedro a
caballo,* completado por el subtítulo, que era el título original:
Romance con lagunas. De todos modos, se ve cómo hacia finales de la fase de organización del libro, Lorca integró este
romance de origen y forma diferentes a una serie de romances
gitanos todos acabados en el año del arreglo, 1926. El antiguo
romance de 1921 alcanza en 1926 el rango de romance mito-
lógico-gitano. Finalmente, en la edición príncipe de 1928 en-
trará en la sección final de los *Tres romances históricos.*

Las grandes líneas estructurantes
del Romancero gitano

Cuando F. García Lorca junta y organiza para su edición los 17
romances gitanos compuestos a lo largo de los años 1924 y 1926
(completándolos con un romance precursor del año 1921),

no sólo los reparte en dos grupos muy desiguales en volumen (15 romances contra tres), según el criterio estilístico-temático que acabo de analizar, sino que en el interior de cada una de estas dos grandes secciones introduce también cierto orden, simplemente marcado por una numeración continua de 1 a 18. ¿A qué criterios corresponde este orden numérico?

La historia redaccional desmiente formalmente la posibilidad de una ordenación puramente cronológica. Una ojeada, por ejemplo, a los siete primeros romances, para los que existen fechas documentadas de redacción final, basta para verlo:

1.	Romance de la luna, luna	29 de julio de 1924
2.	Preciosa y el aire	28 de enero de 1926
3.	Reyerta	6 de agosto de 1926
4.	Romance sonámbulo	2 de agosto de 1924
5.	La monja gitana	20 de agosto de 1924
6.	La casada infiel	27 de enero de 1926
7.	Romance de la pena negra	30 de julio de 1924

Por otra parte, no se puede negar tampoco de manera absoluta el criterio cronológico como factor de organización. Pensemos, por ejemplo, en la primacía del *Romance de la luna, luna* (romance número 1), que coincide con la primacía redaccional. Está, además, el hecho de la presencia al principio del ROMANCERO GITANO de todos los demás romances acabados de la primera fase redaccional: el *Romance sonámbulo* (número 4), *La monja gitana* (número 5), el *Romance de la pena negra* (número 7), y de algún romance proyectado en 1924 y acabado más tarde: *La casada infiel (Romance de Adelaida Flores y Antonio Amaya)* (número 6). Otros dos romances contiguos acabados en la última fase de redacción, el *Romance de la Guardia civil española* y el *Martirio de Santa Olalla,* también aparecen unidos en la príncipe (romances 15 y 16).

Pero obviamente estos pocos ligeros indicios cronológicos no dan cuenta cabal de la organización del conjunto. La repartición del conjunto en dos secciones: 1) tipología y mitología gitanas actualizadas, y 2) tipología y mitología gitanas históricas, si bien responde a cierto concepto temporal, contradice, al mismo tiempo, el criterio de la cronología redaccional. Todo tiende a probar, pues, que Lorca manejó (bien por sí solo, bien por consejo de alguien) otros criterios para la arquitectura de su libro.

De buenas a primeras se pueden describir algunos claros nexos temáticos entre ciertos grupos de romances. Son obvios estos nexos, por ejemplo, entre los tres romances dedicados a los arcángeles *San Miguel, San Rafael* y *San Gabriel* (números 8-9-10), con sus tres subtítulos geográficos: Granada, Córdoba, Sevilla, las tres capitales tradicionales lorquianas. Igualmente obvio es el nexo entre los dos romances sucesivos de Antoñito el Camborio: *Prendimiento y Muerte* (números 11 y 12). A partir de esta tipología mítica gitana de Antoñito se extiende el romancero a otros dos tipos míticos gitanos, también varones, y con igual suerte mortal: el *Muerto de amor* (romance número 13) y *El emplazado* (número 14). La tipología mítica gitana femenina, por su parte, acapara gran parte de la primera sección del libro: *Preciosa y el aire* (número 2) y la serie de *La gitana (=Romance sonámbulo)* (número 4), *La monja gitana* (número 5), *La casada infiel* (número 6) y, finalmente, la Soledad del *Romance de la pena negra* (número 7). Un poema inicial, el *Romance de la luna, luna,* cinco encarnaciones tipológicas mítico-gitanas femeninas, tres arcángeles mítico-gitanos, tres encarnaciones tipológicas mítico-gitanas masculinas, un poema final, el *Romance de la Guardia civil española,* con una ligera quebradura (el romance número 3: *Reyerta):* toda la primera parte del ROMANCERO GITANO deja así traslucir su equilibrada organización macroestructural. Para la segunda parte, la mitología gitana «histórica» ofrece tres cuadros: uno sacado del santoral cristiano (número 16: *Martirio de Santa Olalla),* otro, procedente de la tradición literaria española (número 17: *Burla de Don Pedro a caballo),* y el cuadro final, el número 18, cuyo origen es la historia bíblica y literaria *(Thamar y Amnón).*

El ROMANCERO GITANO configura un magistral retablo de tema mítico-gitano único, compuesto por dieciocho cuadros diferentes, organizados por calles subtemáticas análogas. Propongo el siguiente esquema arquitectónico del libro:

I. MITOS Y TIPOS NUEVOS O ACTUALIZADOS DE LA MITOLOGÍA GITANO-ANDALUZA		
A	1. *Romance* de la luna, luna	romance-prólogo
	2. Preciosa y el aire	«un mito inventado»
	3. Reyerta	
	4. *Romance* sonámbulo	
	5. La monja gitana	cuatro tipos míticos femeninos
	6. La casada infiel	
	7. *Romance* de la pena negra	
B	8. San Miguel (Granada)	
	9. San Rafael (Córdoba)	tres arcángeles mítico-gitanos
	10. San Gabriel (Sevilla)	
C	11. Prendimiento de Antoñito el Camborio	
	12. Muerte de Antoñito el Camborio	tres tipos míticos masculinos
	13. Muerto de amor	
	14. El emplazado	
	15. Romance de la Guardia civil española	romance-epílogo, destrucción del mundo mítico-gitano actual
II. MITOS Y TIPOS HISTÓRICOS DE LA MITOLOGÍA GITANO-ANDALUZA		
	16. Martirio de Santa Olalla	el mundo paleocristiano mítico-gitano
	17. Burla de Don Pedro a caballo	el mundo literario mítico-gitano
	18. Thamar y Amnón	el mundo bíblico mítico-gitano

Asentada así la macroestructura del ROMANCERO GITANO, analicemos ahora más detenidamente las grandes líneas de estructuración de las diversas secciones del libro.

La primera parte (I) del ROMANCERO recrea el universo gitano-andaluz en mitos y tipos, tanto viejos como nuevos, con la particular característica de estar modelados con rasgos mezclados, sacados tanto de la transhistoricidad como de la actualidad. Los siete primeros romances del libro constituyen una primera subsección (I A) dentro de la primera parte. El romance inicial, *Romance de la luna, luna,* también primero en la historia redaccional (29 de julio de 1924), tiene una triple función de obertura: al libro entero, a la primera parte y a la primera subsección. Esta última se cierra con el *Romance de la pena negra,* segundo romance de la historia redaccional (30 de julio de 1924), que por su posición y tema ocupa así también un lugar de excepción. Entre los dos puntos extremos de esta primera calle del retablo se halla, en su exacto centro, otro romance, el tercero de la primera fase de redacción (2 de agosto de 1924), el *Romance sonámbulo.* Los tres romances más antiguos están así colocados en los tres momentos axiales de la primera subsección, como una clara marca de origen, reflejada en su título de «romance», y con un eco sintáctico-métrico entre los dos extremos:

1. *Romance de la* luna, luna
2.
3.
4. *Romance* sonámbulo
5.
6.
7. *Romance de la* pena negra

El ROMANCERO GITANO se abre bajo el poder mítico y misterioso de la diosa luna sobre el mundo de los gitanos. El título del *Romance de la luna, luna* sugiere ya esta múltiple y constante presencia. Si bien es, ante todo, en este primer romance donde se observa con más insistencia léxica (nueve veces «luna» sin la doble mención en el título) y más lujo descriptivo la influencia maléfica del astro nocturno, se rastrean indicios de esta presencia lunar a través de todo el romancero. No es este el lugar para entrar en detalles, pero no quiero dejar de indicar cómo la luna es, sin la menor duda, una de las líneas temáticas estructurantes del conjunto. El verso inicial del libro y, por ende, de la primera parte es el siguiente:

La luna vino a la fragua

El verso final de esta misma primera parte, último verso del *Romance de la Guardia civil española,* dice, como en eco:

Juego de luna y arena

El último romance del libro, *Thamar y Amnón,* también abre con la misma presencia ominosa, que se repetirá todavía un par de veces más:

La luna gira en el cielo

En el primer apartado de este capítulo he insistido sobre la constante mención de los gitanos a lo largo de las dos partes del romancero. La reiteración del lexema «gitano» y las constantes alusiones a su modo de vivir, de ser, de vestirse, de trabajar, toda esta evocación del universo gitano ofrece otra línea de estructuración del libro. Aquí también me limito a dar un ejemplo, a falta de poder desarrollar el tópico. Los dos puntos fuertes en la distribución de las ocurrencias de la palabra-clave «gitano» son otra vez el romance inicial (con cuatro ocurrencias) y el final de la primera parte (nueve ocurrencias). Son también los romances en los que objetos y otros ingredientes materiales y espirituales del mundo gitano (bronce, yunque, estaño, collares, fragua, anillos, flechas, almizcle, canela, castañuelas, caballos, sueño, imaginación, dolor...) son más abundantes. El romance que concluye la primera sección dentro de la primera parte (I A), el *Romance de la pena negra,* es otro punto culminante en la descripción de la existencia secular y eterna de la pena de los gitanos:

> ¡Oh pena de los gitanos!
> Pena limpia y siempre sola.

Entre los tres romances gitanos más antiguos respectivamente en su posición inicial, central y final de la primera subsección (números 1, 4 y 7), Lorca intercaló dos veces dos romances (los números 2-3 y 5-6), los dos primeros *(Preciosa y el aire* y *Reyerta),* de redacción más tardía (enero y agosto de 1926), los dos últimos *(La monja gitana* y *La casada infiel),* de redacción temprana aquél, de redacción final más tardía éste.

Preciosa y el aire es el prototipo del romance llamado «mito inventado» por el propio Lorca [6]. Más que la muy relativa originalidad y gran tradicionalidad del tema, importa indicar aquí los nexos temáticos y estilísticos que le empujaron al poeta a colocar este romance aquí. *Preciosa y el aire* es, como el romance anterior, un poema en donde una fuerza extrahumana, aquí telúrica, el viento, amenaza y trata de seducir al universo inocente de los gitanos. A partir de una paralela mención de la luna y un idéntico motor verbal («venir»):

| *La luna vino* a la fragua | *Su luna* de pergamino |
| | Preciosa tocando *viene* |

el romance repite una situación comparable, pero con inversión de los protagonistas: después de la luna y el niño anónimo aparecen ahora la niña Preciosa y el aire. Así como en la descripción: «El niño la mira mira» y en el diálogo: «Niño,

---

[6]   FGL, *Epistolario I,* pág. 148 (carta a J. Guillén del 2 de marzo de 1926).

déjame que baile» del *Romance de la luna, luna* se oyen en
Preciosa y el aire: «San Cristobalón... mira a la niña...» y
«Niña, deja que levante...».

Otro punto de fundamental interés para la organización
del libro me parece la primera aparición en este segundo romance (que es el primero después de la obertura) de un tema
que irá invadiendo poco a poco la escena con intervalos y
pulsiones de verdadero crescendo, hasta alcanzar su paroxismo en el último romance de la primera parte: la Guardia
civil. En la primera subsección (1 A) vuelve a aparecer en
Reyerta y en el *Romance sonámbulo.* Tres apariciones en
esta primera subsección; dos apariciones y una verdadera in-
vasión en la última subsección de la primera parte (1 C); dos
veces al principio en los dos romances de Antoñito el Camborio, por último y definitivamente en el *Romance de la
Guardia civil española.* En el romance de *Preciosa y el aire*
el universo gitano muestra por segunda vez sus míticos antagonismos y deja entrever a sus históricos y contemporáneos
enemigos.

Ya he dicho que en la clara organización temática de la primera parte, sólo el romance *Reyerta* parece marcar una quebradura. Ni continúa abiertamente el tema insistentemente mítico de los dos primeros romances («la luna como bailarina
mortal» y «el viento como sátiro»)[7], ni se integra a la secuencia de los romances con protagonistas femeninas. El protagonismo exclusivamente masculino de este tercer romance hubiera podido orientar al poeta a colocar este poema dentro de
la serie de los romances 10 a 14, y su tema de lucha colectiva
más bien hacia finales de la primera parte. Pero no: aquí está
como romance número 3. Una razón para esta situación algo
opaca dentro del conjunto del libro podría tal vez ser el tema
de las luchas seculares al interior mismo del mundo gitano andaluz. Después de dos romances que ilustran el antagonismo

---

[7]   FGL, conferencia-recital del *Romancero gitano.*

mítico entre el universo gitano y las fuerzas mágicas, divinas y naturales, viene un romance que cumple la función de recordarnos el antagonismo mutuo de los diferentes grupos de gitanos. El poeta deja entonces para más adelante el desarrollo de un tercer componente de estos antagonismos: la radical enemistad de la Guardia civil. Pero incluso en esta perspectiva de las luchas intestinas, el romance *Reyerta* iría tal vez mejor al lado de la *Muerte de Antoñito el Camborio,* otra víctima de misteriosas envidias. Para M. García-Posada [8] el motivo de la reyerta es de origen amoroso, o sea que la causa de la enemistad sería femenina, con lo que la colocación del romance en la serie femenina se explicaría más llanamente. Un aspecto importante de la lucha interna en *Reyerta* sigue más bien, sin embargo, la línea mítica de los romances iniciales: el carácter realista y cotidiano de una anécdota que se cubre de valores generales y transhistóricos:

>aquí pasó lo de siempre.
>Han muerto cuatro romanos
>y cinco cartagineses.

La transhistoricidad, el lazo inmediato entre actualidad y eternidad, la historia mítica que transluce a través de un suceso trivial tal vez explique mejor la colocación de este romance al principio del libro. El instrumento de la muerte-sacrificio, la navaja, la presencia de seres extramundanos como son los ángeles, las características cristológicas de la pasión de Juan Antonio de Montilla, y la insistencia sobre la sangre derramada con canción de serpiente mítica, subrayan a su manera una lectura profundamente mítica del romance.

Con el *Romance sonámbulo* se inicia una secuencia de cuatro figuras femeninas en perfecta composición de tipos y títulos:

---

[8]   En la introducción a su edición en Castalia, 1988, pág. 42.

> 4. *Romance* sonámbulo
> 5. La monja gitana
> 6. La casada infiel
> 7. *Romance* de la pena negra

La primera y la última gitana de esta serie de cuatro, con un mínimo arraigo anecdótico o de actualización, cumplen, cada una a su modo, el destino misterioso del sufrimiento concreto y personal o de la pena secular y arquetípica de los gitanos. Las otras dos gitanas, monja y casada, en sendas situaciones vitales bien diferenciadas, pero anecdóticas éstas, se enfrentan, también cada una a su manera, con las frustraciones amorosas. Son dos tentaciones y dos tentativas de engañar al destino.

Es en esta sección de los retratos femeninos donde Lorca emplea por primera vez en su ROMANCERO GITANO lo que yo llamaría el procedimiento estructurador del marco cromático.

No faltan, desde luego, pinceladas cromáticas en los romances que preceden (por ejemplo: el blancor de «la luna, luna» o el «viento verde» que quiere coger a Preciosa, o los ángeles negros de luto en *Reyerta),* pero a partir del *Romance sonámbulo* el cromatismo constituye una línea estructurante del libro. He indicado el caso de los dos retratos extremos de la secuencia femenina; el romance sonámbulo es un romance verde (24 ocurrencias) con un estribillo del mismo color:

> *Verde* que te quiero *verde.*
> *Verde* viento. *Verdes* ramas.

que se repite a lo largo del poema y lo cierra, formando así un verdadero marco circular para el romance. El último retrato femenino es negro: la encarnación del dolor perenne, de esa «pena negra», es Soledad Montoya, «concreción de la Pena sin remedio, de la pena negra, de la cual no se puede salir más que abriendo con un cuchillo un ojal bien hondo en el costado siniestro»[9].

---

[9] FGL, conferencia-recital del *Romancero gitano.*

Otro ejemplo de la fuerza estructuradora del cromatismo ofrece el romance de la Guardia civil, último de la primera parte (I), y el *Martirio de Santa Olalla*, primero de la segunda parte (II). El *Romance de la Guardia civil española* es un romance negro de muerte, de luto, de tinta, de ceniza:

> Los caballos *negros* son.
> Las herraduras son *negras*.

y rojo de sangre, de llamas y de hogueras. El primer romance histórico es, por el contrario, un romance primero rojo, también de sangre por el sacrificio cruel de la santa, luego de fuerte contraste entre negro y blanco (en *Infierno y Gloria:* carbón y tinta frente a nieve), finalmente exclusivamente blanco por la visión mística de la mártir:

> Olalla *blanca* en *lo blanco.*

Con el *Romance de la pena negra,* personificación mítica de la pena solitaria gitana, el poeta cerró, con colores negros, el primer ciclo dentro de su ROMANCERO GITANO. Como he dicho ya, concluirá la primera parte de su libro con el mismo color de muerte y de luto.

Los tres romances (números 8, 9 y 10) de los tres arcángeles, *San Miguel, San Rafael* y *San Gabriel,* forman un intermedio (I B) entre los cuatro retratos gitanos femeninos (números 4 hasta 7) y los tres retratos gitanos masculinos (romances 11 y 12, 13, 14) de la última subsección de la primera parte (I C). A través de los tres patronos (lorquianos) de Granada, Córdoba y Sevilla, el poeta traza sobre todo la verdadera geografía de su romancero gitano: Andalucía, o mejor dicho: «las tres grandes Andalucías: San Miguel, rey del aire que vuela sobre Granada, ciudad de torrentes y montañas; San Rafael, arcángel peregrino que vive en la Biblia y en el Korán, quizá más amigo de musulmanes que de cristianos, que pesca en el río de Córdoba; San Gabriel Arcángel, anunciador, padre de la propaganda, que planta sus azucenas en la torre de Sevilla» [10].

Exactamente como en el *Poema del cante jondo* [11], y en contraste, por ejemplo, con la canción *[Arbolé Arbolé]* [12], el orden de presentación de las tres regiones es el siguiente: empezando por Andalucía la alta, representada por la región montañosa de Granada:

> por el monte, monte, monte

bajando luego por el Guadalquivir y la sierra Morena a Córdoba, judía, romana y mora, reflejada en las aguas de su río:

> Dos Córdobas de hermosura.
> Córdoba quebrada en chorros.
> Celeste Córdoba enjuta.

para acabar, finalmente, en Sevilla, en plena Andalucía la baja, con

> El Arcángel San Gabriel,
> entre azucena y sonrisa,
> biznieto de la Giralda...

Las anécdotas celestes, «espirituales», con las que Lorca construye sus tres poemas míticos son, sucesivamente, una romería a la ermita de San Miguel del Sacromonte, una hermética relectura de la historia bíblica (Antiguo Testamento) del viaje del ángel Rafael con Tobías, y una interpretación gitana del episodio neotestamentario de la Anunciación. La Andalucía gitana se extiende con resonancias mítico-religiosas y mítico-históricas.

En la línea descendente desde las alturas de los montes de Andalucía hasta la desembocadura del río Guadalquivir, en-

---

[10] FGL, conferencia-recital del *Romancero gitano*.

[11] Véase FGL, *PCJ* (ed. Chr. De Paepe), págs. 104-106, 115-116, 120-122.

[12] En *[Arbolé Arbolé]* el orden es: Córdoba, Sevilla, Granada.

contramos otra línea estructuradora del ROMANCERO GITANO, tal vez más discreta, pero igualmente importante. El mapa geográfico del universo gitano lorquiano también tiene su línea de desarrollo. Los puertos de Cabra se hallan explícitamente mencionados en el *Romance sonámbulo,* definido como «un romance que expresa el ansia de Granada por el mar...»[13]. Para los tres romances *San Miguel, San Rafael* y *San Gabriel,* acabo de mostrar cómo se ordenan según una línea geográfica descendente. Precisamente en las tierras bajas del Guadalquivir van a situarse los dos romances que vienen a continuación: *Prendimiento de Antoñito el Camborio en el camino de Sevilla* y *Muerte de Antoñito el Camborio:*

> Voces de muerte sonaron
> cerca del Guadalquivir...
>
> voces de muerte cesaron
> cerca del Guadalquivir.

Después de otros dos romances sin precisiones geográficas, la primera parte del ROMANCERO GITANO tendrá su fin en Jerez de la Frontera con la destrucción del mundo gitano considerado en su actualidad. Sólo en el marco de esta línea geográfica se puede entender la localización del fin del mundo gitano-andaluz en Jerez, entre monte y mar, lo mismo que ciertas alusiones del texto, como, por ejemplo:

> Oh ciudad de los gitanos.
> ¿Quién te vio y no te recuerda?
> Dejadla lejos del mar.
>
> ...
>
> Que te busquen en mi frente.
> Juego de luna y arena.

---

[13]   FGL, conferencia-recital del *Romancero gitano.*

El aspecto propiamente geográfico-andaluz pierde casi por completo su importancia en la segunda parte del libro (II), cuando la temática histórica invade la escena.

El nexo temático entre la segunda (I B) y tercera subsección (I C) de la primera parte es mucho más evidente que el paso entre la primera (I A) y la segunda (I B). Ya he señalado la coincidencia geográfica (Sevilla, Guadalquivir) entre el romance de San Gabriel y los dos romances de Antoñito el Camborio. También el retrato del arcángel agitanado inaugura una serie de retratos de gitanos, cuyo prototipo es una vez más Antoñito. El destino funesto de los tres protagonistas masculinos de los romances 11 hasta 14 se «anuncia» en el último romance de los arcángeles: Anunciación será

> Madre de cien dinastías

Su hijo

> ... tendrá en el pecho
> un lunar y tres heridas

y

> Tres balas de almendra verde
> tiemblan en su vocecita.

Estas profecías sobre el hijo de María tendrán su cumplimiento en el prendimiento, el vía crucis, la pasión y la muerte de los héroes de la tercera sección (I C), que en más de una imagen presentan características cristológicas de sacrificio litúrgico. Pienso en primer lugar en las metáforas taurinas, particularmente en los dos romances de Antoñito el Camborio. En su conferencia *Teoría y juego del duende,* Lorca dijo explícitamente: «... la liturgia de los toros, auténtico drama religioso donde, de la misma manera que en la misa, se adora y se sacrifica a un Dios» [14]. Hay golpes de sangre, asistencia de

---

[14]   FGL, *Obras completas,* I, pág. 1077.

los ángeles y numerosas reminiscencias propiamente litúrgicas. Sigo pensando que un romance como *Reyerta* mejor se hubiera colocado aquí y no al principio del libro. Mismo destino violento, circunstancias mortales análogas, descripción cristológica paralela:

> Ahora monta cruz de fuego,
> carretera de la muerte.

He señalado ya antes cómo con los romances de Antoñito el Camborio vuelve a aparecer con insistencia la Guardia civil como tema estructurador del libro. Después de unas menciones entre neutras y despectivas, casi simplemente administrativas, al principio del libro, se va describiendo ahora de manera cada vez más negativa, hasta alcanzar el paroxismo final del *Romance de la Guardia civil española*. La Benemérita enmarca así también temáticamente toda la tercera sección de la primera parte del ROMANCERO GITANO.

Las «voces de muerte» de esta tercera subsección son «voces antiguas», lo que nos trae a las mientes la verdadera línea divisoria del libro en dos partes: todos los romances de la primera parte meten en escena mitos o tipos gitano-andaluces cuya esencia consiste en ser una mezcla particular de suceso de actualidad con resonancia de lo transhistórico. Las dos víctimas de los romances *Muerto de amor* y *El emplazado* son otros dos tipos míticos dentro de la misma perspectiva. Presencia ominosa de la luna sobre escenas de lucha solitaria del hombre contra el amor o la muerte:

> Ajo de agónica plata
> la luna menguante, pone
> cabelleras amarillas
> a las amarillas torres.

misteriosas lloronas, ángeles músicos, escenas de velatorio. El *Romance del emplazado* cierra la serie de retratos masculinos con reminiscencias del último romance de los retratos femeninos, el *Romance de la pena negra.* La soledad arquetípica de la pena gitana «siempre sola» encuentra un eco en el Amargo:

> ¡Mi soledad sin descanso!

Dos arquetipos que viven y mueren en contacto temático muy claro con el *Poema del cante jondo* [15]. El emplazado ofrece rasgos propios del *Poema de la soleá:* estoicismo de acento senequista y romano frente a la realidad inevitable de la muerte anunciada:

> Y la sábana impecable,
> de duro acento romano,
> daba equilibrio a la muerte.

El Amargo, encarnación arquetípica del gitano andaluz, aprende a dar equilibrio a la muerte como sino individual. La muerte como sino colectivo de todo un pueblo es el tema del último romance de la primera parte del libro. El *Romance de la Guardia civil española* escenifica, gracias a una destrucción actualizada de la ciudad de Jerez de la Frontera por la Benemérita, el exterminio transhistórico del universo gitano-andaluz, como mito-ficción de la libertad y de la imaginación, por todas las fuerzas enemigas seculares. La «ciudad de los gitanos» es la actual Jerez de la Frontera, pero es, al mismo tiempo, la ciudad eterna de la raza; «la Guardia civil» es el cuerpo de guardias civiles españoles, pero son, al mismo tiempo, todas «las capas siniestras» de cualquier tipo de fuerza de orden y represión; el martirio de los gitanos, de las viejas, las niñas, Rosa la de los Camborios, es el martirio actual de todo un pueblo a tra-

---

[15] Véase mi introducción a FGL, *Poema del cante jondo,* págs. 112-118, 136-137, y mi estudio «La esquina de la sorpresa: Lorca entre el *Poema del cante jondo* y el *Romancero gitano»,* en *Revista de Occidente,* núm. 65 (1986), págs. 9-31.

vés de los siglos. Así se explican la presencia de San José y de la Virgen María, la escenografía con fondo de Belén. Nacimiento y muerte de Jesús, toda la profecía de San Gabriel viene aquí puesta en una escena dramática colectiva.

Con este último romance desaparece el universo gitano-andaluz del mapa geográfico actual. La segunda parte (II) del libro sólo podrá ser recuerdo, recuerdo grabado en la frente del poeta:

> ¡Oh ciudad de los gitanos!
> ¿Quién te vio y no te recuerda?
> Que te busquen en mi frente.

Los tres romances históricos invierten la perspectiva fundamental del ROMANCERO GITANO. Después de los primeros quince romances, que son otras tantas actualizaciones y vulgarizaciones de mitos y tipos eternos del universo gitano —andaluz de hoy y de siempre—, los tres últimos romances del libro evocan hechos y tipos de tres mundos pasados claramente diferenciados. Pero si la perspectiva es diferente, el procedimiento de la mitificación es idéntico: se trata de una especie de actualidad en el pasado, cuyos personajes y acontecimientos se mitifican, se cubren de gitanismo, toman características gitano-andaluzas. Gracias a este procedimiento no sólo la actualidad de hoy forma parte del universo gitano, sino que también hechos y personajes del pasado pueden reinterpretarse y actualizarse según una visión gitana. De este modo presente y pasado se entienden dentro de una misma línea: hechos y personajes del mundo actual se hacen partícipes de mitos y tipos a través de su conexión con acontecimientos y héroes del tiempo pasado.

Pienso que la mención explícita del nombre del poeta Federico García Lorca en la primera parte del *Romancero:*

> ¡Ay Federico García,
> llama a la Guardia civil!
>
> *(Muerte de Antoñito el Camborio)*

y el nombre del poeta por antonomasia del mundo religioso antiguo, el rey David, en los últimos versos del libro:

> Y cuando los cuatro cascos
> eran cuatro resonancias,
> David con unas tijeras
> cortó las cuerdas del arpa.

(Thamar y Amnón)

se explican dentro de la misma línea: los dos juglares del doble universo del romancero, el actual, de principios del siglo XX, y el eterno, el de los siglos de los siglos. Ambos poetas entran así, uno por la puerta de la actualidad, otro por la de la historia, en el universo mítico gitano-andaluz.

El primer «romance histórico» narra el *Martirio de Santa Olalla*, «gitana» mártir de las persecuciones romanas de principios del siglo IV. El martirologio paleocristiano y, más en particular, el *Peristephanon* del escritor hispano-cristiano Prudencio parecen ser la fuente mediata de parte de este romance en forma de tríptico. Tres partes con sendos títulos y asonancias evocan: I *Panorama de Mérida,* la Emérita de los romanos («La Andalucía romana [Mérida es andaluza...]») [16], II *El Martirio* propiamente dicho y terriblemente cruel y III *Infierno y Gloria,* mística apoteosis de la santa. Es aquí, en esta tercera parte, donde aparece el intenso cromatismo blanco («Olalla blanca en lo blanco») a que me refería antes para subrayar la línea cromática estructuradora del libro, en este caso concreto, por oposición al colorismo negro del *Romance de la Guardia civil española.* Hay, por cierto, otros puntos de contacto que explican el orden de los romances 15 y 16. Al hablar del último romance de la primera parte he empleado adrede el término «martirio» colectivo para caracterizar la destrucción del pueblo gitano.

---

[16] FGL, conferencia-recital del *Romancero gitano.*

Aquí se entiende mejor el término: la historia de España, aunque fuera en tiempos remotos y por motivos y en circunstancias aparentemente diferentes, ofrece casos análogos de dominación y de opresión por las fuerzas enemigas. El martirio de Santa Olalla prefigura en el tiempo el martirio de Rosa, la de los Camborios, del romance anterior:

> El Cónsul pide bandeja
> para los senos de Olalla.
>
> *(Martirio de Santa Olalla)*

> Rosa la de los Camborios,
> gime sentada en su puerta
> con sus dos pechos cortados
> puestos en una bandeja.
>
> *(Romance de la Guardia civil española)*

Las imágenes de la crueldad son idénticas a través de los tiempos. El tiempo mítico hace coincidir pasado y presente, historia real y actualidad ficticia.

Aunque formalmente la *Burla de Don Pedro a caballo* dista mucho del resto del libro, y, en cuanto a fuente concreta de inspiración, varias pistas literarias parecen posibles, hay que constatar que Lorca incluyó finalmente este «romance con lagunas» de precoz redacción (1921) en su ROMANCERO GITANO y concretamente en esta parte «histórica». La vaga época histórica parece ser la Edad Media española, tiempo de caballeros andantes en busca de ideales. Ya que en una lista de romances, conservada en el autógrafo del *Romance del emplazado,* el romance de Don Pedro se llama romance de *Don Pedro enamorado,* y que al final del texto se le encuentra muerto, como su caballo, y además olvidado, se pueden notar ciertas analogías entre este romance y algunos de la primera parte. Pienso particularmente en los romances más misteriosos, como *Muerto de amor, Romance del emplazado* e incluso en el *Romance sonámbulo,* donde otro caballero enamorado, en busca de su amada, llega demasiado tarde para el amor. Otros nexos temáticos capaces de hacer inteligible este romance *sui generis* dentro del contexto global del romancero son, por ejemplo, las lunas pluriformes e imperantes, como en el *Romance de la luna, luna:*

> Sobre el agua
> una luna redonda
> se baña,
> dando envidia a la otra...

como también la mención de la ciudad lejana (¿Belén?), destruida por el fuego (como Jerez de la Frontera, destruida en el romance de la Guardia Civil, igualmente presentada como Belén, y lugar de nacimiento del hijo de Anunciación de *San Gabriel),* y el tema del olvido de Don Pedro que enlaza con la función de memoria que tiene la segunda parte, que es precisamente la de hacer revivir tiempos y personajes pasados. A pesar de todos estos lazos unitivos, el «romance con lagunas» sigue siendo un cuerpo extraño dentro del ROMANCERO GITANO por su forma extravagante, su doble nivel narrativo y el tono juguetón de ciertos pasajes. Constituye dentro de la colección de romances gitanos serios un romance burlesco.

Con el último romance, *Thamar y Amnón,* nos situamos, cronológicamente hablando, en el punto más remoto de la historia gitano-andaluza del ROMANCERO GITANO. Aunque la fuente inmediata de este romance puede ser un romance cantado por los gitanos, con alguna reminiscencia del teatro clásico español, la materia pertenece a la Biblia y más exactamente al Antiguo Testamento (segundo libro de Samuel, capítulo XIII): se trata de la historia de los amores incestuosos entre hermanos. He dicho ya cómo este romance cierra el ciclo de la eterna presencia de la luna y afirma la coexistencia del elemento claramente gitano en un mundo espacial y temporalmente remoto de la Andalucía gitana. Para los dos romances históricos anteriores el espacio y el tiempo podían imaginarse todavía como hispano-andaluces (Mérida, el imperio hispano-romano, la caballería cristiana medieval). Aquí nos desplazamos hasta casi diez siglos antes del nacimiento de Jesucristo y a tierras lejanas del Oriente. Una anécdota (algo comparable al romance de *La casada infiel*) de aquella época y de aquella zona distantes se transforma en un poema gitano-judío que sirve de apogeo y de punto final a todo el libro. Máxima distancia temporal y espacial de la actualidad, es decir, máxima carga de historicidad, presencia significativa del rey David, juglar bíblico por excelencia, con un hallazgo fónico-metafórico en los últimos versos del romance y del libro:

> Y cuando los cuatro cascos
> eran cuatro resonancias,
> David con unas tijeras
> cortó las cuerdas del arpa.

Todos estos elementos explican, por cierto, el porqué de la situación final de este romance. Lorca, el juglar de hoy, hace como David, su colega mítico-histórico: corta aquí su colección de romances gitanos.

Considerado así el conjunto del libro, con sus dos partes bien diferenciadas y el orden interno de las piezas, se aprecia mejor cómo el poeta pudo hacer, gracias a algunas líneas temáticas estructurantes, de una serie de romances gitanos sueltos un verdadero y unificado ROMANCERO GITANO.

EL *ROMANCERO GITANO*
ENTRE TRADICIÓN E INNOVACIÓN

El primer Romancero gitano

«La forma de mi romance la encontré —mejor, me la comunicaron— en los albores de mis primeros poemas...», dijo Lorca en su conferencia-recital del ROMANCERO GITANO. En la misma ocasión apuntaba que en esos romances de su juventud «ya se notan los mismos elementos y un mecanismo similar al del *Romancero gitano*». El poeta documentaba esta conciencia de fidelidad a una tradición literaria heredada y una escritura personal con la recitación de un poema que caracterizaba de «crepúsculo» y que es el llamado *El diamante* de su *Libro de poemas* (fechado en noviembre de 1920), aunque igual hubiera podido citar otros poemas del mismo libro que presentan los rasgos formales esenciales del romance tradicional, series abiertas de versos octosílabos con rima asonantada en los versos pares.

Una rápida ojeada a los manuscritos autógrafos de los numerosísimos poemas de juventud inéditos [17] y una breve consulta de la biblioteca de Lorca, comprueban el temprano, intenso y seguido contacto del poeta con el mundo del romancero. Entre los textos juveniles inéditos hay varios en forma de romance y algunos se llaman explícitamente así.

La diversidad de las antologías, colecciones y estudios que Lorca tenía en su biblioteca, como las fechas de publicación, demuestran el muy temprano y el constante interés de Lorca por el fenómeno literario y estético del romance. La propia creación lorquiana, tanto su obra lírica como su teatro [18], prueba, además, la vitalidad del género. No debe extrañar, pues, que Lorca haya experimentado la necesidad estético-literaria de componer una obra más extensa dentro de la línea tradicional del romance. El proyecto inicial de una serie de romances gitanos fue desarrollándose hasta desembocar en un libro fuertemente estructurado de formas y temas bien unificados, un romancero gitano. Fuera de algún que otro poema separado, el tema gitano-andaluz le había inspirado al poeta un primer conjunto de poemas breves, llamado *Poema del cante*

---

[17]   FGL, *Poesía inédita de juventud* (ed. Ch. De Paepe), Madrid, Cátedra, 1994.
[18]   Mario Hernández da una larga selección de romances sacados del teatro de Lorca en F. García Lorca, *Primer Romancero gitano...,* Madrid, Alianza, 1981.

jondo, con netas connotaciones musicales y de orientación mucho más lírica que narrativa.

El primer romance del futuro ROMANCERO GITANO nace completamente fuera del ambiente gitano, pero a partir de mediados de 1924 es evidente que el tema gitano-andaluz se ha impuesto de tal manera que, al lado del factor formal común, reflejado en el primer término del título «romances», la calificación temática común de «gitanos» parecía perfectamente lógica. Lorca no hace sino aplicar a un campo temático relativamente nuevo y todavía poco explorado una práctica tradicional que en los autores, estudios de especialistas, antologías y colecciones había dado origen ya a una larga y muy variada serie de combinaciones sobre un concepto común, así como se puede ver en títulos como romances heroicos, caballerescos, históricos, rústicos, legendarios, trovadorescos, fronterizos, cultos, carolingios, juglarescos, novelescos, amatorios, religiosos, míticos, mitológicos, bíblicos, nacionales, moriscos, tradicionales, populares, antiguos...: historia, geografía, literatura, temas, origen, cualquier característica típica puede servir de calificativo para el género romancista. Por esto no creo de ningún modo que Lorca, al caracterizar sus romances y su romancero de «gitano», haya querido armonizar dos conceptos antagónicos, sino simplemente añadir a un factor de índole métrico-estética tradicional una nueva resonancia temática.

En la conferencia-recital sobre el ROMANCERO GITANO, aunque bastante posterior a la redacción del libro, dice: «El libro en conjunto, aunque se llama gitano, es el poema de Andalucía, y lo llamo gitano porque el gitano es lo más elevado, lo más profundo, más aristocrático de mi país, lo más representativo de su modo y el que guarda el ascua, la sangre y el alfabeto de la verdad andaluza y universal». No se trata, pues, del todo de una caracterización de tipo racial o social, sino de una nueva manera de definición («es») y de epistemología («la verdad») de Andalucía en todas sus facetas particulares y generales («andaluza y universal»), a partir de lo que Lorca consideraba su faceta más representativa.

Formas del romance lorquiano

Desde el punto de vista de la métrica y versificación, el romance lorquiano sigue en gran medida las características del romance tradicional. Vale la pena, sin embargo, detallar un poco más este aspecto técnico para apuntar ciertas particularidades estilísticas que prueban una tendencia innovadora y libertadora dentro de un esquema conservador y constrictivo.

El verso

A pesar de un cómputo métrico y un sistema de rimas normativamente basados en números pares, el total de los versos del ROMANCERO GITANO es impar: 1.103 versos. No sólo el romance precursor, bien llamado *Romance con lagunas,* romance muy *sui generis* que constantemente nos saldrá aquí al paso, cuenta un número impar de versos (69 versos), sino que dos romances más ofrecen esta misma característica: *La casada infiel* (55 versos) y el *Romance del emplazado* (57 versos). En ambos casos el fenómeno se debe a la prenotación, al principio del romance, de un número impar de versos con rima asonantada. En *La casada infiel* son tres versos en forma de copla y anuncian como en un espejo invertido el desenlace de los tres versos finales:

	vv. 1-3	vv. 53-55	
a	Y que yo me la llevé al río	porque teniendo marido	c
b	creyendo que era mozuela,	me dijo que era mozuela	b
c	pero tenía marido.	cuando la llevaba al río.	a

En el *Romance del emplazado* hay un solo verso inicial asonantado, cuya réplica (v. 53) era, según lo muestra el aparato crítico, el primitivo verso final del romance:

v. 1	v. 53
¡Mi soledad sin descanso!	su soledad con descanso.

Los romances más cortos pertenecen más bien a la primera época de redacción, como, por ejemplo, el *Romance de la luna, luna* (36 versos) y *La monja gitana* (36 versos); los más largos, más bien a la última fase redaccional, como el *Romance de la Guardia civil española* (124 versos), el *Martirio de Santa Olalla* (74 versos) y *Thamar y Amnón* (100 versos), aunque la línea divisoria de volúmenes no coincide, desde luego, rigurosamente con la línea cronológica.

Fuera del caso especial del romance con lagunas, la *Burla de Don Pedro a caballo,* que presenta una métrica muy irregular que luego documentaré, los demás versos del libro (1.034) menos uno son, bien silábicamente, bien métricamente, octosílabos. El único verso no octosílabo es el citado verso inicial de *La casada infiel,* que hay que leer como decasílabo, de la siguiente manera:

Y que   yo me la llevé al río

2   +   8

sin sinalefa entre *llevé* y *al,* en perfecto paralelismo con el verso 45:

yo me la llevé del río

Un sesenta por ciento de los versos del ROMANCERO GITANO son octosílabos. Por el juego del sistema métrico, el cómputo de los demás versos —heptasílabos (5 por 100), eneasílabos (27 por 100), decasílabos (4 por 100) y hasta endecasílabos (0,3 por 100)— se adapta el octosilabismo de rigor. Se observa que la cantidad de versos oxítonos es poca, sobre todo cuando se tiene en cuenta que casi la tercera parte de los versos agudos se halla en un solo romance, la *Muerte de Antoñito el Camborio,* precisamente con la rima asonantada en sílaba aguda. El poeta se vale de todas las técnicas métricas conocidas, como sinalefas, crasis, diéresis e hiatos, para construir su octosílabo.

La *Burla de Don Pedro a caballo,* por su parte, se separa por completo del sistema métrico del romance tradicional. Hay apenas diez versos octosílabos; el resto son mayormente heptasílabos y hexasílabos, con lo que el poema se instala más bien en la métrica del romancillo. Pero hay, igualmente, trisílabos, tetrasílabos, pentasílabos y endecasílabos. Los versos extrabreves y los extralargos se hallan en las «lagunas» del romance, mientras que las secuencias narrativas («sigue») son métricamente más regulares. Así, el romance con lagunas se presenta como un antirromance burlesco, también bajo el aspecto de la versificación.

La rima

En lo que toca a la rima, el ROMANCERO GITANO es igualmente fiel a la tradición de la asonancia en los versos pares. Pero aquí también el poeta se permite algunas libertades, muy dentro de la línea de las innovaciones formales que el modernismo había puesto de moda.

Fuera de los dos romances mencionados que cuentan un número impar de versos *(La casada infiel,* el *Romance del emplazado)* y que, por consiguiente, se lanzan sobre un verso inicial asonantado, y la *Burla,* que luego discutiré, todos los demás romances tienen su perfecto esquema de rima asonantada. Catorce romances se limitan a lo que el romancero tradicional tenía como regla: una sola asonancia que atraviesa y unifica fónicamente toda la composición. Algunos romances que se dividen en secciones tienen una asonancia diferente por cada sección. En dichos casos se ve cómo el sistema de la rima corresponde funcionalmente a un sistema de estructuración unificante del poema.

Doy una tabla sintética de las rimas del ROMANCERO GITANO:

á-a: *Romance sonámbulo; Martirio de Santa Olalla* (II); *Burla de Don Pedro a caballo* (lagunas); *Thamar y Amnón.*

á-e: *San Gabriel* (I).

á-o: *Romance de la luna, luna; Romance del emplazado; Martirio de Santa Olalla* (III).

é-a: *Romance de la Guardia civil española.*
é-e: *Preciosa y el aire; Reyerta.*
é-o: *Burla de Don Pedro a caballo* (secuencias).

í: *Muerte de Antoñito el Camborio.*
í-a: *La monja gitana; San Gabriel* (II).
í-o: *La casada infiel.*

ó-a: *Romance de la pena negra; Martirio de Santa Olalla* (I).
ó-e: *San Miguel; Muerto de amor.*
ó-o: *Prendimiento de Antoñito el Camborio en el camino de Sevilla.*

ú-a: *San Rafael* (II).
ú-o: *San Rafael* (I).

Se observa, sobre todo, la gran variedad de rimas (14 rimas diferentes), entre las que se cuenta alguna (en í) muy poco frecuente en la tradición romancista. Tal vez el agudo oxitonismo de este romance de la *Muerte de Antoñito el Camborio* tenga que ver con el tema de la violencia (comparable al oxitonismo métrico de algunos poemas, como *Puñal,* del *Poema de la soleá),* así como las diversas rimas del *Martirio de Santa Olalla,* imiten tal vez el vocalismo del nombre de la santa mártir.

Escenificación estrófica

Como he dicho, algunos romances se subdividen en secciones mayores (I-II-III), en que las rimas cambiadas subrayan esta repartición del material textual. En los demás romances las subsecciones vienen simplemente marcadas por un sistema de asterisco(s) de separación. Un solo romance consiste en un único bloque estrófico sin la menor subdivisión secuencial: *La monja gitana.* La situación final es efectivamente idéntica a la inicial: lo ocurrido lo es sólo en la fantasía de la monja y no parece haber cambiado nada en su comportamiento social aparente. De ahí la adversativa y el verbo de la situación final:

Pero sigue con sus flores

En los demás romances las secuencias narrativas conllevan movilidad y cambio, bien de espacio, bien de tiempo, bien de personaje(s), bien de perspectiva, lo que legitima la introducción de elementos de separación, bien asterisco(s), bien blancos. Fuera de *La monja gitana,* romance monoestrófico, no hay más que un romance que se limita al simple empleo de blancos para su repartición estrófica, con exclusión de asterisco: el *Romance de la luna, luna.* El propio Lorca empleó en alguna ocasión, incluso para este romance, la repartición con pausa mayor. Volveré sobre este aspecto de «escenificación» o de montaje teatral. Por el momento quisiera primero detallar un tanto más la escritura estrófico-versal del ROMANCERO GITANO.

En la versión de la príncipe (que en este punto difiere poco de la tercera y de las siguientes), la fórmula básica de la unidad oracional (con corte en punta) es la secuencia de dos versos: un poco menos de la mitad de todas las unidades oracionales (a saber, el 46,5 por 100) se reparten sobre dos versos seguidos. Esta cifra parece confirmar la teoría de la antigua unidad versal monorrima de dos hemistiquios octosilábicos. La segunda unidad oracional en orden de frecuencia es la de cuatro versos (un 27 por 100 de todas las unidades oracionales). Juntos los grupos de dos y cuatro versos ocupan casi tres cuartas partes de todas las oraciones del libro. El binarismo versal es así patente y sigue la tradición a este respecto. Añadiendo, además, los diez casos de unidades de seis versos y el único caso de unidad oracional de ocho versos *(San Rafael,* vv. 31-38), la cifra de paridad versal se refuerza todavía más.

Unidades oracionales en grupos versales impares sólo las hay de tres versos (no llegan al 4 por 100 del total) y de un solo verso (20 por 100), algunos semiversales; no los hay ni de cinco ni de siete. Este fenómeno algo extraño tiene que ver, por

cierto, con el tipo de romance, ya que se reparte muy irregular-
mente sobre unos pocos romances, mientras que el binarismo
versal (unidades oracionales de dos y cuatro versos) se reparte
mucho más regularmente sobre la totalidad de los romances.

Un romance épico-dramático-lírico

Lorca definió en cierta manera el propósito estético de su romancero en la conferencia-recital que le dedicó: «El romance
típico había sido siempre una narración, y era lo narrativo lo
que daba encanto a su fisonomía, porque cuando se hacía lírico,
sin eco de anécdota, se convertía en canción. Yo quise fundir el
romance narrativo con el lírico sin que perdieran ninguna calidad, y este esfuerzo se ve conseguido en algunos poemas del
Romancero...». Se puede, efectivamente, distinguir, aunque no
siempre separar, en la textura del romance lorquiano diferentes
niveles textuales que, en parte al menos, pueden corresponder a
los dos tipos de romance —narrativo y lírico—, que apuntaba
Lorca, siguiendo en esto una distinción clásica de los tratados
de estética literaria. Quisiera, por mi parte, tratar de afinar un
poco más estas categorías, demasiado generales.

Existe en todos los romances lorquianos un nivel básico o
mínimo de tipo narrativo: un episodio, un fragmento narrativo, una anécdota de la gran gesta de los gitanos, sea mítica o
trivial, contemporánea o histórica. Cada romance es un breve
segmento de un conjunto mucho más amplio cuyos rasgos generales y explicativos no se dan sino que sólo se sugieren, dejando así un lugar importante al misterio y a la sugestión. Personajes y acciones irrumpen de pronto:

> La luna vino a la fragua...

> Antonio Torres Heredia
> va a Sevilla a ver los toros.

> Por una vereda
> venía Don Pedro.

El final queda a menudo abierto o se corta de manera abrupta:

> Por el cielo va la luna

> Guardias civiles borrachos
> en la puerta golpeaban.

> Ya San Gabriel en el aire
> por una escala subía.

> David con unas tijeras
> cortó las cuerdas del arpa.

Frecuente es el factor de suspense o de falta de solución:

> ¿Pero quién vendrá? ¿y por dónde?

> ¿Qué es aquello que reluce...?

Lo normal es que se dé este nivel básico narrativo en tercera persona, por focalización externa. Unos pocos romances, como *San Miguel* y *San Rafael,* son exclusivamente de este tipo:

> Se ven desde las barandas...

Un solo romance, *La casada infiel,* es narrativo-épico en primera persona, por focalización interna desde una perspectiva homodiegética. Dentro de este nivel primario narrativo se debe hablar de la escenificación de los romances, a la que aludí más arriba al hablar de la distribución de los poemas en bloques estróficos mayores. Las separaciones encuentran su justificación en un cambio de escenario, por ejemplo en *San Miguel:*

> por el monte, monte, monte
> + + +
> San Miguel...
> en la alcoba de su torre

> + + +
> El mar baila por la playa
> + + +
> San Miguel...
> en la alcoba de su torre

o en *Preciosa y el aire:*

> Preciosa tocando viene
> por un anfibio sendero
> de cristales y laureles
> + + +
> Preciosa...
> entra en la casa...

o un cambio de tiempo en la narración, como, por ejemplo, en el *Romance sonámbulo,* de la noche al alba, al día, a la noche:

> Bajo la luna gitana
> + + +
> ... el pez de sombra
> que abre el camino del alba
> + + +
> ... la madrugada
> + + +
> La noche se puso íntima

o en el *Romance de la pena negra,* de la madrugada al día:

> Las piquetas de los gallos
> cavan buscando la aurora
> + + +
> Con flores de calabaza
> la nueva luz se corona.

o en el *Prendimiento de Antoñito el Camborio en el camino de Sevilla,* de la media tarde a la tarde avanzada y a la noche:

va a Sevilla a ver los toros
+ + +
El día se va despacio,
la tarde colgada a un hombro.
+ + +
A las nueve de la noche

El *Romance del emplazado* es muy ilustrativo a este respecto: las sucesivas fases del plazo coinciden con las separaciones por asterisco.

Cambios de lugar y de tiempo. Cambios también de «dramatis personae», como en *San Gabriel:*

Un bello niño de junco...
... San Gabriel Arcángel
+ + +
Anunciación de los Reyes
+ + +
El niño canta en el seno

o en *Preciosa y el aire:*

Preciosa tocando viene
+ + +
... se ha levantado
el viento...
+ + +
el cónsul de los ingleses...
tres carabineros vienen

o en *Reyerta:*

caballos enfurecidos
y perfiles de jinetes
+ + +
El juez, con guardia civil,
por los olivares viene

Hallamos el mismo procedimiento en el *Romance sonám-*
bulo: ella — ¿quién vendrá? — compadre + mocito — los
dos compadres — la gitana — guardias civiles. Cae de su
peso que en muchas ocasiones, como uno ha podido darse
cuenta por los ejemplos dados, estos diferentes cambios es-
cenográficos incluyen tanto lugares como tiempos o personajes.

Un empleo muy particular de los tiempos verbales interviene igualmente en este constante juego de desplazamien-
tos de la perspectiva espacial, temporal o de protagonista.
Creo que el uso de los tiempos verbales puede tener a veces,
al lado de su valor estrictamente cronológico y de los diversos valores aspectuales que la crítica ha estudiado, a menudo
en base de comparaciones con el romancero tradicional, una
función propiamente espacial de organización escénica. Así,
por ejemplo, en el *Romance de la luna, luna,* en los vv. 21-26,
los imperfectos, además de su función durativa y de lenta
aproximación a la acción principal, parecen situarnos en la
zona de acción fuera del centro que es la fragua y fuera de
los dos protagonistas (luna-niño), oponiendo el «dentro» al
«fuera» y los protagonistas a los «deuteragonistas» (jinete-
gitanos):

> *El jinete se acercaba*
> tocando el tambor *del llano.*
> *Dentro* de la fragua *el niño,*
> *tiene* los ojos cerrados.
> Por *el olivar venían,*
> bronce y sueño, *los gitanos.*

En la segunda parte de *San Gabriel,* el interior de la casa
de Anunciación, sus acciones y las de su hijo se dan en presente, mientras que la llegada y la salida del ángel van en imperfecto: movimientos escénicos, foco de atención, interior-
exterior son otros tantos elementos que rigen el empleo de
los tiempos:

Anunciación de los Reyes
bien lunada y mal vestida,
abre la puerta al lucero
que *por la calle venía.*
El Arcángel *San Gabriel*
...
se acercaba de visita.
...
El niño canta en el seno
...
Ya *San Gabriel en el aire*
por una escala *subía.*

Para enriquecer, variar y completar el nivel narrativo, Lorca introduce fragmentos de texto narrativo en forma de diálogo o monólogo, creando así breves escenas dramáticas de palabras y gestos. Ningún romance del ROMANCERO GITANO es exclusivamente narrativo-dramático por diálogo. Ciertos romances, empero, contienen grandes bloques textuales dialogados, a veces separados incluso del resto del poema, como el *Romance sonámbulo* (vv. 25-52), el *Romance de la pena negra* (vv. 9-38), *San Gabriel* (vv. 39-62), *Muerte de Antoñito el Camborio* (vv. 19-40). El *Romance del emplazado* tiene un largo segmento monologado. En otras ocasiones un diálogo más breve se intercala sin más entre los fragmentos narrativos épicos, como en el *Romance de la luna, luna* (vv. 9-20), *Thamar y Amnón* (vv. 57-68) o *Muerto de amor.*

Existe un tercer nivel textual que podría llamarse lírico-expresivo: de extensión mucho más reducida, son breves intervenciones exclamativas o interrogativas, comentarios a lo que ocurre, admonestaciones o interpelaciones a los protagonistas. En regla general, ese nivel conlleva una fuerte implicación al relato por parte de quien narra, lee o escucha el romance. Esta participación puede presentarse de modo simplemente descriptivo, como, por ejemplo, en el *Romance de la luna, luna:*

Cómo canta la zumaya,
¡ay cómo canta en el árbol!

o en varias líneas de *La monja gitana:*

> ¡Qué bien borda! ¡Con qué gracia!
> ...
> ¡Qué girasol! ¡Qué magnolia
> de lentejuelas y cintas!
> ¡Qué azafranes y qué lunas
> en el mantel de la misa!

o en *Thamar y Amnón:*

> ¡Oh, qué gritos se sentían
> por encima de las casas!

Se trata cada vez de un procedimiento retórico para subrayar bien un momento de gran intensidad emocional, bien algún detalle de mucha importancia dentro de la acción o de la descripción. La llamada a participación o atención más detenida lleva a menudo en este nivel textual a alguna forma de implicación directa, como, por ejemplo, a un apóstrofe a los protagonistas, como en *Preciosa y el aire:*

> ¡Preciosa, corre, Preciosa,
> que te coge el viento verde!
> ¡Preciosa, corre, Preciosa!
> ¡Míralo por dónde viene!

o en el *Prendimiento de Antoñito...*

> Antonio, ¿quién eres tú?
> Si te llamaras Camborio,
> hubieras hecho una fuente
> de sangre, con cinco chorros.
> Ni tú eres hijo de nadie,
> ni legítimo Camborio.

En el *Romance de la Guardia civil española* el narrador no sólo se dirige a la ciudad de los gitanos:

> ¡Oh ciudad de los gitanos!
> ...
> Apaga tus verdes luces
> que viene la benemérita.

sino también a todos los que la amenazan o a quienes tal vez pudieran todavía protegerla:

> ¡Oh ciudad de los gitanos!
> ¿Quién te vio y no te recuerda?
> Dejadla lejos del mar
> sin peines para sus crenchas.

Después de la masacre, el poeta-vate, depositario de la mítica historia gitana, apela hasta al universo:

> Que te busquen en mi frente.
> Juego de luna y arena.

El narrador implicado llega incluso a entablar una verdadera conversación en forma de diálogo con los protagonistas, como, por ejemplo, en el *Romance de la pena negra* o en el romance de la *Muerte de Antoñito el Camborio,* en el que el narrador participa en la acción como un protagonista más:

> ¡Ay Federico García!
> llama a la Guardia civil.

El gran número de unidades oracionales monoversales (y medioversales) del que hablé antes se encuentra precisamente en este tercer nivel textual de implicación directa del narrador. Los ejemplos citados comprueban claramente este rasgo estilístico de fuerte orientación lírica.

El romance lorquiano es así una forma mixta y unificada de gesta de acción, de escenas en diálogo y de comentario expresivo, un romance que es a la vez épica, drama y lírica. De este modo el ROMANCERO GITANO mantiene contacto, no sólo temáticamente, sino también formal y estéticamente, con producciones líricas lorquianas, como el *Poema del cante jondo* o las *Canciones,* u otras de tipo más teatral, como los *Diálogos,* las *Escenas* o el *Teatro breve.*

Una estética original entre neopopular y culta

Quedaría por decir algo de la particular estética del ROMANCERO GITANO. Me limitaré a señalar brevemente los rasgos más característicos que la crítica ha descrito ampliamente.

El rasgo estético constantemente subrayado por la crítica, tanto la contemporánea a la redacción de los romances como la posterior, es el del neopopularismo lorquiano. El tema mítico-gitano, la forma del romance tradicional (narrativo-lírico), las fuentes populares (coplas, cante jondo, romances), los procedimientos técnicos de la repetición, los paralelismos, el uso discreto de estribillos, el nexo con otras formas artísticas neoprimitivas (en la música, escultura, ballet...) contemporáneas al libro: para cada uno de esos elementos deberían citarse estudios tanto del ROMANCERO en su conjunto como de los diferentes romances aislados. Para numerosos versos del libro se han encontrado incluso paralelos en la tradición popular. Lorca aparece como un fiel receptor de las voces de antaño y del momento, voces que reelabora, transforma y recrea dentro del mismo estilo, pero adaptándolas a nuevas situaciones narrativas, al metro romancista, a personajes y geografías mítico-históricas actuales. Estos elementos de raigambre popular, la abierta o escondida resonancia de la copla, la transparencia mítico-gitana, el contacto con la realidad del siglo XX, el ritmo tradicional, habían sido, por cierto, las primeras y fundamentales facetas del éxito inmediato y continuo de los primitivos romances gitanos.

Una segunda línea estética, culta ésta, la del neogongorismo, que coloca al poeta dentro de los movimientos de renovación de los años veinte, aunque tuviera ya anteriormente algún que otro defensor, conoce, sobre todo hoy día, un auge considerable en la apreciación global de la crítica. Sobre todo Mario Hernández y más insistentemente aún M. García-Posada, han puesto de relieve, con gran acierto, esta segunda faceta del arte del ROMANCERO GITANO. La segunda ola de redacción del libro (1926) coincide con la época de la intensa preparación del tricentenario de la muerte de Luis de Góngora (1627-1927), celebraciones en las que Lorca participó no sólo materialmente (aunque no demasiado), sino sobre todo con la composición de poemas, con un proyecto de edición de poesía de Soto de Rojas, y con unas reflexiones estéticas conservadas en el texto de una conferencia: *La imagen poética en don Luis de Góngora*. García-Posada ha mostrado la importancia de este texto fundamental para la recta interpretación estética del ROMANCERO GITANO en cuanto toca al uso y la calidad de las metáforas, la pasión formal de tantos romances, cierto grado de hermetismo y de cerebralismo, tanto a nivel narrativo como imaginativo, el papel exacto del elemento mitológico (antiguo y nuevo) y la neta tendencia a desrealizar la realidad.

Sin querer llegar a una bipartición dentro del ROMANCERO GITANO, se puede afirmar que los romances de la primera serie (1924) tienden más hacia una estética dentro de la línea neopopular, de más fácil acceso y de interpretación más llana, mientras que los romances más tardíos siguen antes una línea estética orientada hacia una escritura metafórica y formas expresivas más cultas, dentro de la renovación neogongorista, menos opacos, más herméticos y con un mundo de imágenes más complicadas. No existen, sin embargo, dos estéticas separadas, sino mezcladas con una tendencia más marcada según la época de redacción. El neopopularismo persiste, por ejemplo, en romances tardíos como *Muerto de amor:*

> ¿Qué es aquello que reluce
> por los altos corredores?
> ...
> Madre, cuando yo me muera...

al lado de visiones metafóricas cultas como:

> Ajo de agónica plata
> la luna menguante...
> ...
> Lleno de manos cortadas
> y coronitas de flores,
> el mar de los juramentos
> resonaba...

Por otra parte, el *Romance sonámbulo,* de la primera serie, tanto en su anécdota como en ciertos versos (vv. 57-60, por ejemplo), es sumamente misterioso y ha dado lugar a una hermenéutica muy variada, y el *Romance con lagunas,* de época tan temprana (1921), puede servir de prototipo del hermetismo de los romances posteriores.

En muchos romances (los más) la doble tendencia popular y culta se hallan combinadas, como en este ejemplo del *Romance del emplazado:*

> Los densos bueyes del agua
> embisten a los muchachos
> que se bañan en las lunas
> de sus cuernos ondulados.

Aquí se entremezclan expresiones populares como «buey de agua» con reminiscencias gongorinas (la visión de los cuernos como de luna reflejada en el agua).

Dentro de la producción lírica lorquiana, el ROMANCERO GITANO constituye el punto culminante de una etapa estética que, a partir de fuentes, temas y formas tradicionales, y gracias a modelos de transformación tanto generales (el neogongorismo) como más estrictamente personales (una formación y actividad musical muy avanzada, una lectura original del fenómeno gitano-andaluz con resonancia universal), llegó a una escritura y expresión tan originales que el libro es para muchos y hasta la fecha uno de los grandes productos estéticos más apreciados y universales de la literatura española del siglo XX.

CHRISTIAN DE PAEPE

BIBLIOGRAFÍA SELECTA

ALVAR, Manuel, *El romancero. Tradicionalidad y pervivencia,* Barcelona, Planeta, 1974.

ÁLVAREZ DE MIRANDA, Ángel, *La metáfora y el mito,* Madrid, Taurus, 1963.

BELTRÁN FERNÁNDEZ DE LOS RÍOS, Luis, *La arquitectura del humo: una reconstrucción del «Romancero gitano» de F. García Lorca,* Londres, Támesis Book, 1986.

CANO BALLESTA, Juan, «Una veta reveladora en la poesía de García Lorca. (Los tiempos del verbo y sus matices expresivos)», en *Romanische Forschungen,* 77 (1965), págs. 75-107.

—, «Utopía y rebelión contra un mundo alienante: el *Romancero gitano* de Lorca», en *García Lorca Review,* 6 (1978), págs. 71-85.

CIRRE, José F., «El caballo y el toro en la poesía de García Lorca», *Cuadernos Americanos,* 6 (1952), págs. 231-245.

CORREA, Gustavo, *La poesía mítica de F. García Lorca,* Madrid, Gredos, BRH, 1970.

DEBICKI, Andrew, «Códigos expresivos en el *Romancero gitano*», en *Texto crítico* (México), 14 (1979), págs. 1943-1954.

DE LONG, Beverly J., «Sobre el desarrollo lorquiano del romance tradicional», en *Hispanófila,* 35 (1969), págs. 51-62.

DE PAEPE, Christian, «La 'esquina de la sorpresa': Lorca entre el *Poema del cante jondo y el Romancero gitano*», en *Revista de Occidente,* núm. 65 (1986), págs. 9-31.

DEVOTO, Daniel, «Notas sobre el elemento tradicional en la obra de F. García Lorca», en *Filología* (Buenos Aires), 2 (1950), núm. 3, págs. 292-341.

DURÁN, Manuel, «Raíces medievales del *Romancero gitano*», en *Homenaje a Juan López-Morillas,* Madrid, Castalia, 1982, págs. 183-190.

ELIADE, Mircea, *Imágenes y símbolos,* Madrid, Taurus, 1983.

FEAL DEIBE, Carlos, *Eros y Lorca,* Barcelona, Edhasa, 1973.

FLYS JAROSLAW, Miguel, *El lenguaje poético de F. García Lorca,* Madrid, Gredos, BRH, 1955.

GARCÍA LORCA, Federico, *Obras completas. I Poesía* (ed. M. García-Posada), Barcelona, Galaxia Gutemberg-Círculo de Lectores, 1996.

—, *Poema del cante jondo. Romancero gitano* (eds. Allen Josephs-Juan Caballero), Madrid, Cátedra, 1977.

—, *Primer Romancero gitano (1924-1927),* Madrid, Revista de Occidente, 1928.

—, *Primer Romancero gitano 1924-1927. Otros romances del teatro 1924-1935* (ed. Mario Hernández), Madrid, Alianza (Obras de F. García Lorca), 1983.

—, *Primer Romancero gitano. Llanto por Ignacio Sánchez Mejías. Romance de la corrida de toros en Ronda y otros textos taurinos* (ed. Miguel García-Posada), Madrid, Castalia, 1988.

—, *Romancero gitano* (ed. H. Ramsden), Manchester, University Press, 1988.

—, *Primer Romancero gitano* (ed. crítica Chr. De Paepe), Madrid, Espasa Calpe (Clásicos Castellanos, nueva serie, 15), 1991.

—, *Romancero gitano. Poeta en Nueva York. El Público* (ed. Derek Harris), Madrid, Taurus (Clásicos Taurus, 22), 1993.

GARCÍA LORCA, Francisco, *Federico y su mundo* (ed. Mario Hernández), Madrid, Alianza, 1981.

GARCÍA-POSADA, Miguel, «Un romance mítico: el *Martirio de Santa Olalla* de García Lorca», en *Revista de Bachillerato* (Madrid) 1978, supl. del núm. 8, págs. 51-62.

GIBSON, Ian, *F. García Lorca 1. De Fuentevaqueros a Nueva York (1898-1929)*, Barcelona, Grijalbo, 1985.

GIL, Ildefonso M. (ed.), *F. García Lorca*, Madrid, Taurus (El escritor y la crítica), 1973.

GONZÁLEZ MUELA, Joaquín, «El aspecto verbal en la poesía moderna española», *Revista de Filología Española*, XXV (1951), págs. 73-91.

HARRIS, Derek, «La acción del *Romancero gitano*», en *Lecciones sobre F. García Lorca* (ed. A. Soria Olmedo), Granada, Ediciones del Cincuentenario, 1986, págs. 37-47.

—, «Casada, monja y soltera: tres mujeres irónicas del *Romancero gitano*», en *Las Nuevas Letras* (1987), págs. 50-57.

LAFFRANQUE, Marie, *Les idées esthétiques de F. García Lorca*, París, CRH, Institut d'Études Hispaniques, 1967.

LÁZARO CARRETER, Fernando, «Sobre el *Romance sonámbulo*», en *Los Domingos de ABC*, 17 de agosto de 1986, pág. 15.

LÓPEZ-MORILLAS, Juan, «García Lorca y el primitivismo lírico: reflexiones sobre el *Romancero gitano*», en *Cuadernos Americanos*, 9 (1950), págs. 238-250.

MARCILLY, Charles, «Notes pour l'étude de la pensée religieuse de F. García Lorca. Essai d'interprétation de la *Burla de don Pedro a caballo*», en *Les langues Neo-Latines* (París), 51 (1957), núm. 41, págs. 9-42.

—, «Reflexions sur la lecture de la *Burla de don Pedro a caballo*», en *Hommage à F. García Lorca*, Toulouse, Université de Toulouse-le-Mirail, 1982, págs. 207-216.

MARTÍN, Eutimio, *F. García Lorca, heterodoxo y mártir. Análisis y proyección de la obra juvenil inédita*, Madrid, Siglo XXI, 1986.

NIMS, John F., «Explicación de cuatro romances gitanos (*Preciosa y el aire, Romance sonámbulo, La casada infiel, Romance de la pena negra*)», en *The poem itself* (eds. S. Burnshaw, D. Fitts, J. F. Nims, H. Peyre), Nueva York, Rinehart and Winston, 1960, págs. 232-250.

OLEZA SIMÓ, Juan, «Los problemas de la significación literaria y el *Romancero gitano* de Lorca», en *Cuadernos de Filología* (Valencia), diciembre de 1971, págs. 115-137.

PABÓN, Thomas, «El ciclo vida-muerte en el *Romance sonámbulo* de F. García Lorca», en *Arbor,* 395 (1978), págs. 95-101.

RAMOS-GIL, Carlos, *Claves líricas de García Lorca. Ensayos sobre la expresión y los climas poéticos lorquianos,* Madrid, Aguilar, 1967.

RAMSDEN, Herbert, *Lorca's Romancero gitano,* Manchester, University Press, 1988.

ROSALES, Luis, «La andalucía del llanto. (Al margen del *Romancero gitano)*», en *El sentimiento del desengaño en la poesía española,* Madrid, Cultura Hispánica, 1966, págs. 233-250.

SORIA, Andrés, «El gitanismo de F. García Lorca», en *Ínsula,* 4 (1949), núm. 45, pág. 8.

SZERTICS, Joseph, «F. García Lorca y el romancero viejo: los tiempos verbales y su alternancia», en *Modern Language Notes*, 84 (1969), núm. 2, págs. 269-285.

ROMANCERO GITANO

Edición de
Christian De Paepe

Every line ends in either "a" or "o"
Lots of repetition
poem dealing with child, almost
nursery rhyme pace.

1

ROMANCE DE LA LUNA, LUNA *

A Conchita García Lorca **

1 La luna vino a la fragua
   con su polisón de nardos. *— flower (wild)*
   El niño la mira, mira. *— Child is entranced*
   El niño la está mirando.

---

*   En manuscritos y ediciones anteriores se le dieron los títulos siguientes: *Romance de la luna de los gitanos; Romance gitano de la luna luna de los gitanos; Romance de la luna luna.* Por la supresión del adjetivo calificativo «gitano» en el título definitivo, toda la atención se concentra, en este romance inicial, sobre la presencia múltiple y polimorfa del mítico astro nocturno. Esta presencia irradia sobre el conjunto del libro.

**   Hermana de Federico (1903-1962), casada con Manuel Fernández Montesinos (1900-1936).

1 *la fragua:* las alusiones al mundo propio de los gitanos son frecuentes (particularmente los metales en los vv. 1, 8, 12, 15, 26). En Lorca todo metal tiene una referencia a la muerte: «... un país donde lo más importante de todo tiene un último valor metálico de muerte» *(Teoría y juego del duende).*

2 *polisón de nardos:* con la antropomorfización de la luna que se manifiesta, viste y actúa como mujer, se introducen igualmente olores, colores (blanco) e impresiones táctiles (frío) que en Lorca suelen connotar ausencia o pena de amor. Véase, por ejemplo, en *Eco (Canciones):* «El nardo de la luna / derrama su olor frío»; en *Juan Ramón Jiménez (Canciones):* «En el blanco infinito, / nieve, nardo y salina»; en el lenguaje de las flores de *Doña Rosita la soltera:* «suspiros de amor, el nardo»; y expresiones como «ceniza de nardo» *(Oda al Rey de Harlem),* «nardo ceniciento» *(En la muerte de Ciria y Escalante),* o el vestido blanco de *Amparo* (del *Poema del cante jondo):* «Ecuador entre el jazmín / y el nardo».

5   En el aire conmovido
      mueve la luna sus brazos
      y enseña, lúbrica y pura,
      sus senos de duro estaño.
      Huye luna, luna, luna.
10   Si vinieran los gitanos,
      harían con tu corazón
      collares y anillos blancos.
      Niño, déjame que baile.
      Cuando vengan los gitanos,
15   te encontrarán sobre el yunque
      con los ojillos cerrados.
      Huye luna, luna, luna,
      que ya siento sus caballos.
      Niño, déjame, no pises
20   mi blancor almidonado.

      El jinete se acercaba
      tocando el tambor del llano.
      Dentro de la fragua el niño,
      tiene los ojos cerrados.
25   Por el olivar venían,
      bronce y sueño, los gitanos.

---

13   *baile:* según explicó Lorca en su conferencia-recital del *Romancero gitano,* la luna es «bailarina mortal».

20   *blancor almidonado:* nueva calificación visual, táctil y auditiva de la luna. Véase igualmente *La casada infiel,* vv. 12-15.

21   *El jinete:* encarnación antropomórfica de la muerte (véase el *Diálogo del Amargo* del *Poema del cante jondo),* cuya mensajera es la luna [ver también *La luna y la muerte* del *Libro de poemas* y el cuadro I del acto III de *Bodas de sangre*].

22   *tocando el tambor:* Lorca ya había empleado la misma imagen auditiva-musical en *Pórtico,* de la suite *El jardín de las morenas:* «El agua / toca su tambor / de plata».

26   *bronce:* comparar con: «unos niños desnudos, con carnes de bronce...», de *Mediodía de agosto* de *Impresiones y paisajes.*

Las cabezas levantadas
y los ojos entornados.

Cómo canta la zumaya,
30   ¡ay cómo canta en el árbol!
Por el cielo va la luna
con un niño de la mano.

Dentro de la fragua lloran,
dando gritos, los gitanos.
35   El aire la vela, vela.
El aire la está velando.

---

29   *la zumaya:* se puede interpretar la presencia del ave nocturna como
una señal de mal augurio.

31-32   Esta escena de luna nocturna y crepuscular con el niño muerto le
inspiraría más tarde a Lorca el diálogo del gato y del niño muerto en el acto I
de *Así que pasen cinco años.*

32   *un niño:* importa el peso del artículo indefinido, frente a los vv. 3-4,
para indicar al niño muerto.

35   *la:* a pesar de cierta ambigüedad (¿la luna?, ¿la fragua?) y la analogía
formal con los vv. 3-4 y el título, el complemento del verbo «velar» (en su
acepción de «acompañar al cadáver de una persona muerta») sólo puede ser
la fragua, lugar del velatorio que se le hace al cuerpo del niño gitano muerto.
La versión manuscrita suprimida: «El aire *los* vela» apoya tanto el sentido
dado al verbo como a su objeto: la fragua y sus ocupantes, no la luna que «va
por el cielo».

PRECIOSA Y EL AIRE *

A Dámaso Alonso **

1   Su luna de pergamino
    Preciosa tocando viene,

---

*   Para este «mito inventado» por Lorca se pueden mencionar varios antecedentes literarios, mitológicos y populares. Preciosa es el nombre de *La gitanilla* de las *Novelas ejemplares* de Cervantes, famosa bailadora y cantante de romances al son del panderete. La novela contiene varias consideraciones sobre poesía y menciona explícitamente el *Romancero general,* lo que bien podría ser un guiño del autor del *Romancero gitano.* Entre los versos recitados por Preciosa hay uno que reza: «Y San Cristóbal gigante». Hay más nexos temáticos entre las dos Preciosas: ambas «convierten el pecho» de quienes la escuchan «en fuego» (vv. 22, 31-32, 41-42) y ambas tienen «por mejor ventura ser honesta que hermosa».

El viento como sátiro enamorado de doncellas, con ser una reminiscencia mitológica clásica, tiene en la obra de Lorca varias prefiguraciones, desde el primer poema del *Libro de poemas: Veleta,* pasando por *Balada de un día de julio; Arbolé Arbolé* o *Nocturnos de la ventana...* En la conferencia *El cante jondo* Lorca explica: «El viento es personaje que sale en los últimos momentos sentimentales, aparece como un gigante preocupado de derribar estrellas...».

**   Dámaso Alonso (1898-1990), académico, catedrático, poeta, filólogo y traductor, muy activo en las celebraciones y ediciones del tricentenario de la muerte de Luis de Góngora (1627-1927).

1   *luna de pergamino:* metafórica indicación del panderete (v. 29). Comparar con «el pergamino de los tambores» *(Paisajes de la multitud que vomita,* v. 2, de *Poeta en Nueva York);* «la rueda amarilla del tamboril» *(Oda a Walt Whitman,* v. 19, del mismo libro) y «sobre a verde lúa, coma un tamboril» (v. 18 del *Noiturnio do adoescente morto,* de *Seis poemas galegos).*

por un anfibio sendero
de cristales y laureles.
5 El silencio sin estrellas,
huyendo del sonsonete,
cae donde el mar bate y canta
su noche llena de peces.
En los picos de la sierra
10 los carabineros duermen
guardando las blancas torres
donde viven los ingleses.
Y los gitanos del agua
levantan por distraerse,
15 glorietas de caracolas
y ramas de pino verde.

*

Su luna de pergamino
Preciosa tocando viene.
Al verla se ha levantado
20 el viento, que nunca duerme.
San Cristobalón desnudo,

---

12 *los ingleses:* a partir de finales del siglo pasado numerosos ingleses
se habían instalado en varias zonas de Andalucía, y particularmente en la
provincia de Granada (ver: «mar» y «sierra», vv. 7-9) por motivos económi-
cos sobre todo (la primera industrialización, la remolacha...).

15 *glorietas:* en Lorca la actividad artística puramente gratuita del gitano
(cante, baile, toque) se compara a veces con la del jardinero, creador de flores
y jardines. Ver, por ejemplo, el *Retrato de Silverio Franconetti* (vv. 17-20):

> Y fue un creador
> y un jardinero.
> Un creador de glorietas
> para el silencio.

21 *San Cristobalón:* como primero Jeremy Forster ha estudiado detalla-
damente los aspectos populares y mitológico-religiosos del personaje («As-
pects of Lorca's St. Christopher», en *Bulletin of Hispanic Studies,* XLIII
[1943], págs. 109-116). La lectura de este artículo permitirá matizar mucho

lleno de lenguas celestes,
mira a la niña tocando
una dulce gaita ausente.

25   Niña, deja que levante
tu vestido para verte.
Abre en mis dedos antiguos
la rosa azul de tu vientre.
Preciosa tira el pandero
30   y corre sin detenerse.
El viento-hombrón la persigue
con una espada caliente.

Frunce su rumor el mar.
Los olivos palidecen.
35   Cantan las flautas de umbría
y el liso gong de la nieve.

¡Preciosa, corre, Preciosa,
que te coge el viento verde!
¡Preciosa, corre, Preciosa!

---

la idea lorquiana del «mito inventado» por él. Ya en *Madrigal de verano* (del *Libro de poemas)* aparece el mismo santo con muy marcadas características sexuales: «los muslos sudorosos / de un San Cristobalón campesino, lentos / en el amor y hermosos...»).

23-24: *tocando una gaita:* el personaje de Cristóbal (sátiro-Pan) tiene otra encarnación teatral en Don Cristóbal (Cristobita) de los *Títeres de Cachiporra,* donde «suena como un fagot» y «sus suspiros son de flautín». En la *Cantiga do neno de tenda,* de los *Seis poemas galegos,* «o vento do norde» toca «unha gaita» (vv. 1-4).

28   *la rosa azul de tu vientre:* los ejemplos de sexualidad floral abundan en Lorca. Otros ejemplos del *Romancero gitano* son: «mis muslos de amapola» *(Romance de la pena negra),* el «rumor de rosa encerrada» *(Thamar y Amnón)* y las «flores» de la fantasía de *La monja gitana.*

33   *frunce su rumor:* imagen antropomórfica para la superficie del mar, fruncida como una frente humana pensativa.

38   *viento verde:* entre las muchas posibles connotaciones del color verde en el *Romancero gitano,* hay que retener aquí su referencia a la agresividad sexual.

40   ¡Míralo por dónde viene!
Sátiro de estrellas bajas
con sus lenguas relucientes.

*

Preciosa, llena de miedo,
entra en la casa que tiene
45   más arriba de los pinos,
el cónsul de los ingleses.

Asustados por los gritos
tres carabineros vienen,
sus negras capas ceñidas
50   y los gorros en las sienes.

El inglés da a la gitana
un vaso de tibia leche,
y una copa de ginebra
que Preciosa no se bebe.
55   Y mientras cuenta, llorando,
su aventura a aquella gente,
en las tejas de pizarra
el viento, furioso, muerde.

---

40   Verso de saeta popular (cfr. *Saeta,* del *Poema del cante jondo:* «¡Mi-
radlo por dónde viene!»).
41   *sátiro de estrellas bajas:* el viento, tradicional corredor de estrellas
(ver: «pulidor de estrellas» en *Veleta,* del *Libro de poemas,* «el divino elemento / que da... / luceros al viento» *(Madrigal de verano* del mismo libro),
«... lanzarse con los vientos / a las estrellas blancas» *(Manantial* también del
Libro de poemas) y otros ejemplos más, se ataca aquí a una doncella del «bajo»
mundo terrestre.

3

REYERTA *

*A Rafael Méndez ***

1   En la mitad del barranco
    las navajas de Albacete
    bellas de sangre contraria,
    relucen como los peces.

5   Una dura luz de naipe
    recorta en el agrio verde,
    caballos enfurecidos
    y perfiles de jinetes.

---

* En manuscritos o ediciones anteriores se le dieron los siguientes títulos: *Batalla campal. Reyerta de mozos; Reyerta de mozos; Reyerta de gitanos.*

** Rafael Méndez (Lorca, 1906), compañero de Lorca en la Residencia de Estudiantes madrileña. Discípulo y colaborador de J. Negrín, fue médico y conocido farmacólogo, catedrático de Sevilla, participó activamente en la vida política durante la guerra civil, para luego instalarse como profesor en Harvard, Chicago y México. Es autor de *Caminos inversos: vivencias de ciencia y guerra* (México, FCE, 1987). Naturalizado mexicano en 1949.

La primera dedicatoria de este romance fue para los amigos catalanes de la revista *L'Amic de les Arts.*

2 *navajas de Albacete:* en Albacete sigue siendo típica la industria de cuchillos, navajas y otros instrumentos metálicos.

3 *sangre contraria:* la sangre enemiga derramada en la lucha.

5 *dura luz de naipe:* los naipes como símbolo tradicional del juego azaroso de la vida y de la muerte, llevan en Lorca una muy marcada connotación mortal.

En la copa de un olivo
10   lloran dos viejas mujeres.
El toro de la reyerta
se sube por las paredes.
Ángeles negros traían
pañuelos y agua de nieve.

Este aspecto se ilustra particularmente en toda la escena final de *Así que pasen cinco años,* en la que los jugadores de cartas vienen para beber, con sus cartas, la sangre del Joven: «las cartas beben rica sangre...». Cuando el joven juega su última carta, «en los anaqueles de la biblioteca aparece un "as de coeur" *iluminado*». Los naipes aparecen, además, como instrumentos que cortan, lo que explica tanto su contextualidad con las navajas de la reyerta, como el léxico que los caracteriza (duro, recortar, perfil...). Ver también los «naipes helados» del v. 13 del *Romance del emplazado.*

10   *viejas mujeres:* muchas escenas centrales del *Romancero gitano* tienen extraños espectadores, bien humanos (como aquí las dos viejas, o las tristes mujeres de los vv. 27-31 de *Muerto de amor,* o los hombres del v. 50 del *Romance del emplazado),* bien celestes (como los ángeles de los vv. 13-16 y 35-38, o los serafines del v. 37 de *Muerto de amor,* o los ángeles de los vv. 45-48 de *Muerte de Antoñito el Camborio),* bien animales (como la zumaya de los vv. 29-30 del *Romance de la luna, luna),* bien combinaciones de estas tres categorías. El elemento común a todas estas escenas es la presencia de uno o varios muertos. Todos estos espectadores, que a veces también participan de algún modo en la escena, forman parte del gran acto del velatorio, visto como un monumento fúnebre con personajes vivos, lloronas, coros celestes y humanos, y otros atributos escultóricos o litúrgicos.

11   *el toro de la reyerta:* como en el caso de «buey de agua» (v. 14 del *Romance del emplazado),* el toro sirve de metafórica sugestión de violencia y fuerza mítica. Ver también en *Bodas de sangre* (acto II, cuadro I):

> ¡Como un toro, la boda
> levantándose está!

14   *pañuelos:* para limpiar las heridas («agua de nieve») y parar la sangría, como en la *Canción del gitano apaleado* (vv. 11-12): «¡No habrá pañuelos de seda / para limpiarme la cara!», o en *La zapatera prodigiosa,* acto II:

VECINA ROJA	Ha corrido la sangre.
VECINA AMARILLA	No quedan pañuelos blancos.
VECINA ROJA	Dos hombres como dos soles.
VECINA AMARILLA	Con las navajas clavadas.

15   Ángeles con grandes alas
      de navajas de Albacete.
      Juan Antonio el de Montilla
      rueda muerto la pendiente,
      su cuerpo lleno de lirios
20   y una granada en las sienes.
      Ahora monta cruz de fuego
      carretera de la muerte.

                          *

      El juez, con guardia civil,
      por los olivares viene.
25   Sangre resbalada gime
      muda canción de serpiente.

---

y en *Los mozos de Monleón* (de *Cantares populares):*

> Compañeros, yo me muero;
> amigos, yo estoy muy malo;
> tres pañuelos tengo dentro,
> y éste que meto son cuatro.

15-16: *alas-navajas:* hasta la corte celeste que rodea la escena se cubre de características contextuales cortantes y metálicas. Se puede comparar con este verso 19 de *Santiago (Libro de poemas):* «tremolar plateado de alas» y la siguiente afirmación de Lorca en su *Teoría y juego del duende:* «... porque (el ángel) agita sus alas de acero en el ambiente del predestinado».

19-20   *lirios-granada:* metáforas florales para indicar las heridas y demás lesiones sangrientas. El léxico floral para sugerir las manchas de sangre y las heridas se halla en toda la obra de Lorca. Remito, para el caso presente, a dos textos del *Poema del cante jondo:* los vv. 3-4 de *Saeta* («... lirio de Judea / ... clavel de España») y los vv. 5-6 de *Barrio de Córdoba* («con una rosa encarnada / oculta en la cabellera»). Ver igualmente el «rojo lirio» del v. 6 de *Primer aniversario* de *Canciones.*

21-22   Al gitano moribundo y agonizante se le atribuyen rasgos cristológicos de «via crucis».

25-26   *sangre-canción-serpiente:* la analogía metafórica entre los tres términos, basada por un lado en un fenómeno plástico —el rastro serpeante de la sangre— («Hay heridas... manando agua... que se arrastra serpeando calle abajo», en *Albaicín,* de *Impresiones y Paisajes)* y por otro lado en un fenómeno auditivo —los gemidos de la agonía como silbo— («un rumor de

Señores guardias civiles:
aquí pasó lo de siempre.
Han muerto cuatro romanos
30   y cinco cartagineses.

*

La tarde loca de higueras
y de rumores calientes,
cae desmayada en los muslos
heridos de los jinetes.
35   Y ángeles negros volaban
por el aire del poniente.
Ángeles de largas trenzas
y corazones de aceite.

---

serpiente que se arrastra» en *Santa Lucía y San Lázaro)*, conoce en la obra de
Lorca varias combinaciones y transformaciones, entre las que toda la segunda parte del *Llanto por Ignacio Sánchez Mejías,* llamada precisamente
La sangre derramada, ocupa un lugar preferencial: «Y su sangre ya viene
cantando... / para formar un charco de agonía...».

Hay resonancias de la metáfora compleja en *Así que pasen cinco años:*
«Todavía tengo aquella sangre viva como una sierpe roja...» (acto I), y en
Bodas de sangre (acto III, cuadro I): «... Que la sangre / me ponga entre los
dedos su delicado silbo». Sobre el fondo de todas estas imágenes aparece la
serpiente, animal míticamente ligado a la primitiva pero viciada situación pa-
radisíaca.

29-30   *romanos y cartagineses:* sobre el fondo de un posible recuerdo de
juventud (la repartición de escolares y estudiantes en facciones rivales), estos
personajes dan valor transhistórico a la anécdota, gracias a la equiparación
con hechos de la Andalucía romana.

31-34   Participación antropomórfica de la naturaleza a la escena. La
tarde, como mujer ebria de olores, colores y sonidos, se abandona a los cuerpos exangües de los gitanos muertos. Imágenes análogas en *Elegía del silencio (Libro de poemas):* «el gran rumor dorado / que cae sobre los montes...»,
en *San Pedro de Cardeña (Impresiones y Paisajes):* «la tarde desfalle-
cida...», en *El lagarto viejo,* del *Libro de poemas:* «cómo miran la tarde desmayada...» y en *Doña Rosita la soltera* (acto I, en el romance de la rosa): «... se
desmaya la tarde...». También en *Thamar y Amnón* hay «rumores de tigre y
llama» (v. 4).

(handwritten: green is colour associated with unconscious)

(handwritten: Sleepwalking Dreaming)

4

ROMANCE SONÁMBULO *

*A Gloria Giner y a Fernando de los Ríos ***

(handwritten: Not telling reader anything - filler lines?)

1   Verde que te quiero verde.
    Verde viento. Verdes ramas.
    El barco sobre la mar
    y el caballo en la montaña.

---

*   En manuscritos o ediciones anteriores se le dieron los siguientes títulos: *El romance de la pena negra en Granada; La gitana; Romance de Adelaida / Flores y Antonio Amaya. Romance sonámbulo.*

**   Gloria Giner García (1887-1970), profesora de historia en la Escuela Normal de Granada, autora de antologías de historia y de geografía *(Cumbres,* sobre personajes históricos, *Romance de los ríos de España),* esposa de Fernando de los Ríos Urruti (1879-1949), catedrático de Derecho Político en las Universidades de Granada y Madrid, varias veces ministro durante la República, embajador en los Estados Unidos, amigo y protector de F. García Lorca, a quien ayudó, por ejemplo, para su viaje a América. Murió en Nueva York. Una hija de la pareja, Laura, se casó con Francisco García Lorca, hermano de Federico.

1   *verde:* aparte una original sugerencia acuática (ver la versión autógrafa del *Primer Romancero gitano* y los versos 73-78), toda una serie de connotaciones simbólicas secundarias se sobreponen a esta referencia primitiva. He analizado este mecanismo de transferencia metafórica en base del texto de un poemita eliminado y poco conocido del *Poema del cante jondo* en «La esquina de la sorpresa»: «Lorca entre el Poema del cante jondo y el Romancero gitano», *Revista de Occidente,* núm. 65 (1986), págs. 15-21.

3-4   *barco / mar - caballo / montaña:* las dos zonas geográficas y emocionales de Andalucía (sierra y mar), como dos tipos y actitudes de vida se repiten en el *Romancero gitano:* en el *Romance de la pena negra,* vv. 16-17, y

5   Con la sombra en la cintura, *[with a shadow around her waist]*
ella sueña en su baranda *[her skin & eyes turn green.]*
verde carne, pelo verde,
con ojos de fría plata.
Verde que te quiero verde.

10   Bajo la luna gitana, *[Between the gypsey moon she can't look at them.]*
las cosas la están mirando
y ella no puede mirarlas.

*

[Stars described as being like frost]   Verde que te quiero verde. *[stars]*
Grandes estrellas de escarcha,

15   vienen con el pez de sombra
que abre el camino del alba.
La higuera frota su viento *[Wind is being]*
con la lija de sus ramas, *[Rubbed by]*
y el monte, gato garduño, *[tree.]*

20   eriza sus pitas agrias. *[Bitterness]*

---

en el *Romance del emplazado,* vv. 3-7. La misma distinción geográfica, pero sin aparentes connotaciones simbólicas, se halla en la oración que reza, al principio de la escena I de la estampa III de *Mariana Pineda,* Isabel la Clavela:

> ... y guarde al hombre en la sierra
> y al marinero en el mar.

8   *ojos de fría plata:* gracias a esta calificación metálica y táctil, las anteriores sugestiones mortales (verde, sombra) se confirman: son ojos muertos (cfr. vv. 11-12).

17-18   Ejemplo muy característico e ilustrativo de las transformaciones metafóricas del universo en la estética lorquiana: en vez de la descripción lógica del viento que soplando frota contra la lija de las ramas de la higuera, las mutuas relaciones de los objetos animados de la naturaleza (sujeto, objeto, posesivo) se invierten.

19-20   *gato garduño:* en vez de aplicar el concepto léxico corriente «gato montés», Lorca invierte una vez más los datos y logra así evocar la falda del monte agresivo, lleno de pitas como un gato salvaje de pelo erizado. *Pita,* del *Poema del cante jondo,* también da una visión de agresividad animal de la misma planta. Las verdes «pitas agrias» vienen igualmente sugeridas en *Reyerta,* v. 6: «en el agrio verde».

[handwritten: who will come from where] ¿Pero quién vendrá? ¿Y por dónde?...
[handwritten: and shes still] Ella sigue en su baranda
[handwritten: there on balcony] verde carne, pelo verde,
[handwritten: dreaming of a bitter] soñando en la mar amarga.
[handwritten: sea.]

                              *

[handwritten: I want to give] 25   Compadre, quiero cambiar,
[handwritten: up my horse for yewr] mi caballo por su casa,
[handwritten: house ...] mi montura por su espejo,
                              mi cuchillo por su manta.
                              Compadre, vengo sangrando,
                         30   desde los puertos de Cabra.
                              Si yo pudiera, mocito,
                              este trato se cerraba.
[handwritten: But I'm not myself] Pero yo ya no soy yo,
[handwritten: and this is not my house] ni mi casa es ya mi casa.
[handwritten: anymore.] 35   Compadre, quiero morir
                              decentemente en mi cama.

---

24   *soñando en la mar amarga:* este verso les sirve mucho a los críticos que interpretan este romance como una expresión de «ansia de Granada por el mar», interpretación que el propio poeta mencionó en más de
una ocasión, como, por ejemplo, en su conferencia-recital del *Romancero
gitano.* Sin negar esta lectura, Lorca añadió: «Está bien. Es así, pero también es otra cosa». La *Balada del agua del mar,* del *Libro de poemas,* da
una clave para la ambigüedad simbólica de este ansia de mar (invitación,
promesa de felicidad versus amargura del desamor y de la muerte, punto
final de la vida).

26-28   Tres versos de perfecta construcción correlativa que oponen la
vida andante peligrosa (caballo-montura-cuchillo) a la sedentaria (casa-
espejo-manta).

30   *los puertos de Cabra:* en la provincia de Córdoba. El lugar de proce-
dencia del «mocito» y la llegada de los guardias al final del romance (vv. 81-
82) orientan hacia el tema de la contrabanda y del bandolerismo del siglo de-
cimonono. El interés de Lorca por este tema se ve, por ejemplo, en la
Canción de jinete (1860), de *Canciones.* En una carta del 9 de septiembre de
1926, Lorca le hablaba a J. Guillén de un proyecto literario sobre el célebre
bandolero Diego Corrientes, y en *Mariana Pineda* se canta la canción del
contrabandista, original de Manuel García (estampa II, escena VIII).

De acero, si puede ser,
con las sábanas de holanda.
¿No ves la herida que tengo
40 desde el pecho a la garganta?
Trescientas rosas morenas
lleva tu pechera blanca.
Tu sangre rezuma y huele
alrededor de tu faja.
45 Pero yo ya no soy yo.
Ni mi casa es ya mi casa.
Dejadme subir al menos
hasta las altas barandas,
¡dejadme subir!, dejadme
50 hasta las verdes barandas.
Barandales de la luna
por donde retumba el agua.

*

Ya suben los dos compadres
hacia las altas barandas.
55 Dejando un rastro de sangre.
Dejando un rastro de lágrimas.
Temblaban en los tejados
farolillos de hojalata.

---

41   *rosas:* manchas de sangre. Ver *Reyerta*, v. 20.

43   *huele:* como en la ya mencionada *Canción de jinete (1860):* «¡Qué perfume de flor de cuchillo!», y en *Mariana Pineda* (estampa I, escena IV): «y entre el olor de la sangre / iba el olor de la sierra».

48-51   *las altas barandas:* Lorca se refirió en una ocasión al «romance sonámbulo» como al *Romance de los barandales altos*. Las altas barandas como lugar propio para la expectación amorosa se hallan también claramente en *Mariana Pineda* (escena final): «¡... Rosa de Andalucía!, / que en las altas barandas tu novio está esperándote». El nexo entre luna, barandas y agua se lee en la canción de la criada del cuadro II del acto II de *Bodas de sangre:* «y la luna se adorne / por su blanca baranda... / y el agua pasaba...».

57-58   Escena análoga a la de *Sorpresa* del *Poema del cante jondo:* «¡Cómo temblaba el farolito / de la calle!».

Mil panderos de cristal,
60 herían la madrugada.

*

Verde que te quiero verde,
verde viento, verdes ramas.
Los dos compadres subieron.
El largo viento, dejaba
65 en la boca un raro gusto
de hiel, de menta y de albahaca.
¡Compadre! ¿Dónde está, dime?
¿Dónde está tu niña amarga?
¡Cuántas veces te esperó!
70 ¡Cuántas veces te esperara
cara fresca, negro pelo,
en esta verde baranda!

*

59-60 El propio Lorca ha comentado estos versos en su conferencia-recital: «Si me preguntan Ustedes por qué digo yo: "Mil panderos de cristal / herían la madrugada", les diré que los he visto en manos de ángeles y de árboles, pero no sabré decir más, ni mucho menos explicar su significado». En otra ocasión (Barcelona, 9 de octubre de 1935) dijo algo parecido: «Doncs bé, si em preguntessim de quin lloc he tret aquest "mil panderos de cristal" jo us diría que els he vistos. En els arbres, en el fullatge, en els ángels, en el cel...». Como se puede observar, se trata siempre de una visión particular probablemente de las gotas de rocío o de «las estrellas de escarcha» (v. 14) que acompañan auditivamente y visualmente la llegada de la aurora.

66 *hiel, menta y albahaca:* tres sustancias de color verde, con connotación de amargura y desamor. Para «hiel» la connotación es obvia. Para la menta y la albahaca, se puede referir a *Balcón (Poema del cante jondo)* del *Poema de la saeta,* poema del amor-dolor: «Entre la albahaca / y la hierbabuena / la Lola canta / saetas». Lola = Dolores, hierbabuena = la «mentha sativa»; la albahaca significa, en el «lenguaje de las flores» de *Doña Rosita la soltera:* «no te querré mientras viva».

69-70 Dos *veces* perfectamente paralelísticos con un sistema de intensificación emocional, en base de una variación morfológica verbal. Comparar con *Yerma* (III, 3): «¡Ay, cómo relumbra! / ¡Ay, cómo relumbraba!».

71 *cara fresca, negro pelo:* verso esencial, en contraposición estructural y cromático-simbólica con los versos 7, 23 y 75: «verde carne, pelo verde», con lo que se evoca de dos maneras diferentes a la joven gitana, viva y muerta.

Sobre el rostro del aljibe,
se mecía la gitana,
75 Verde carne, pelo verde,
con ojos de fría plata.
Un carámbano de luna,
la sostiene sobre el agua.
La noche se puso íntima
80 como una pequeña plaza.
Guardias civiles borrachos,
en la puerta golpeaban.
Verde que te quiero verde.
Verde viento. Verdes ramas.
85 El barco sobre la mar.
Y el caballo en la montaña.

---

77 *carámbano de luna:* las sugerencias cromáticas blancas (verdes y azules) y táctiles frías (y metálicas) de la luna abundan en la obra de Lorca. Ver, por ejemplo, *La luna y la muerte,* del *Libro de poemas; La luna asoma,* de *Canciones:*

Nadie come naranjas
bajo la luna llena.
Es preciso comer
fruta verde y helada.

y el romance que canta la *Luna* en el tercer acto de *Bodas de sangre:*

¡Dejadme entrar! ¡Vengo helada
por paredes y cristales!
¡... Tengo frío!...
... me lleva la nieve
sobre su espalda de jaspe,
y me anega, dura y fría,
el agua de los estanques.

5

LA MONJA GITANA

A José Moreno Villa *

1   Silencio de cal y mirto.
    Malvas en las hierbas finas.
    La monja borda alhelíes
    sobre una tela pajiza.

------

*   José Moreno Villa (1887-1955), amigo de Lorca del tiempo de la Residencia de Estudiantes, donde residió como tutor entre 1917 y 1936, poeta, ensayista, crítico de arte y pintor, autor de un dibujo de Lorca al piano (1928) y de otro retrato póstumo. Escribió una autobiografía, *Vida en claro* (México, El Colegio de México, FCE, 1944), en la que todo un capítulo trata de su convivencia con los jóvenes de la generación del 27. Lorca le dedicó, igualmente, una breve sección de sus *Primeras Canciones,* llamada *Palimpsestos.* Se puede consultar el catálogo de la exposición *José Moreno Villa (1887-1955)* (ed. Juan Pérez de Ayala, Madrid, Ministerio de Cultura, 1987, págs. 104-106 y *pássim).*

3   *borda alhelíes:* el tema del «bordado de amor» es muy frecuente en la obra lírica y dramática de Lorca. Unos ejemplos de connotación sentimental muy clara: *Amparo* del *Poema del cante jondo,* con ambiente y toques cromáticos muy análogos, la canción popular *Zorongo:*

> Las manos de mi cariño
> te están bordando una capa
> con agremán de alhelíes...

y dentro del teatro, en la escena II de la estampa I de *Mariana Pineda:* «... borda en el cañamazo / rosas, pájaros y letras...» o el bordado de las sábanas al final del acto I de *Doña Rosita la soltera,* el pañuelo bordado «que decía: Amor,

5   Vuelan en la araña gris,
siete pájaros del prisma.
La iglesia gruñe a lo lejos
como un oso panza arriba.
¡Qué bien borda! ¡Con qué gracia!
10   Sobre la tela pajiza,
ella quisiera bordar
flores de su fantasía.
¡Qué girasol! ¡Qué magnolia
de lentejuelas y cintas!
15   ¡Qué azafranes y qué lunas,
en el mantel de la misa!

---

amor, amor» del acto II de *Así que pasen cinco años* y los frecuentes trabajos de bordado del ajuar de las hijas de Bernarda Alba. Para el simbolismo erótico de los alhelíes, véase *Yerma,* acto II, cuadro I.

6   *siete pájaros del prisma:* la metáfora visual-cromática se entiende perfectamente a la luz de la «teoría del arco iris» de la *Canción de las siete doncellas* del libro *Canciones.* La descomposición de la luz en siete pájaros se lee explícitamente en los vv. 7-8:

> (En el aire blanco,
> siete largos pájaros).

7-8   Estos versos repiten un procedimiento de animalización ya utilizado anteriormente por Lorca en su suite *Noche,* en el poemita *Madre:*

> La osa mayor
> da teta a sus estrellas
> panza arriba.
> Gruñe
> y gruñe.

12   *flores de su fantasía:* estas fantasías florales tienen evidentes connotaciones de «sexualidad floral», como el propio Lorca ha explicado en su conferencia *La imagen poética en Don Luis de Góngora:* «una sexualidad de estambre y pistilo...». A este respecto hay que notar la contigua presencia de gira*sol* y *lunas,* con sus respectivas sugerencias cromáticas y sexuales. Ver también el verso 28: «La rosa azul de tu vientre» de *Preciosa y el aire,* el verso 34 del *Romance de la pena negra:* «mis muslos de amapola», la flor martirizada del verso 88 de *Thamar y Amnón,* etc. Para el caso concreto de la magnolia se puede referir a *Lucía Martínez,* de *Canciones.*

Cinco toronjas se endulzan
en la cercana cocina.
Las cinco llagas de Cristo
20   cortadas en Almería.
Por los ojos de la monja
galopan dos caballistas.
Un rumor último y sordo
le despega la camisa,

17-20   El paso metafórico de las toronjas, cortadas en Almería, a las llagas de Cristo es cromático (rojo-sangre), comparable a, por ejemplo, los lirios y la granada (heridas) de Juan Antonio, figura cristomórfica de *Reyerta* (vv. 19-22) o a los agujeros de los clavos del yo crucificado en *Encuentro* (vv. 8-9) del *Poema del cante jondo* o el lirio y el clavel de *Saeta*, del mismo libro. Hay que ver también, en el acto I de *Doña Rosita la soltera:*

> Por los diamantes de Dios
> y el clavel de su costado...

y varias alusiones en *Mariana Pineda*, por ejemplo: «... tengo abierta una herida que sangra en mi costado...» (Pedro en el acto II, escena VIII).

22   *dos caballistas:* es así como finalmente se declara la fantasía onírica amorosa de la monja. Para el juego de espejo de los ojos se puede comparar con otros ejemplos: *El espejo engañoso* (de *Canciones):*

> ¡Hay en mis pupilas
> dos mares cantando!

Al oído de una muchacha (también de *Canciones):*

> Vi en tus ojos
> dos arbolitos locos.

o en *Mariana Pineda* (I, 4): «Dijo que en tus ojos / había un constante desfile de pájaros». Dentro del *Romancero gitano* hay que comparar con los vv. 61-62 de *San Gabriel:*

> Aridos lucen tus ojos,
> paisajes de caballista.

23   *un rumor:* rumor como sugerencia auditiva de secreta presencia en relaciones amorosas se lee, por ejemplo, en *Madrigal de verano (Libro de poemas):* «el rumor de tus senos», o en *La soltera en misa* (de *Canciones),* poema de inspiración religioso-sentimental-irónica muy comparable: «Da los negros melones de tus pechos / al rumor de la misa».

25   y al mirar nubes y montes
      en las yertas lejanías,
      se quiebra su corazón
      de azúcar y yerbaluisa.
      ¡Oh!, qué llanura empinada
30   con veinte soles arriba.
      ¡Qué ríos puestos de pie
      vislumbra su fantasía!
      Pero sigue con sus flores,
      mientras que de pie, en la brisa,
35   la luz juega el ajedrez
      alto de la celosía.

---

25 y sigs.   A partir de aquí se acumulan imágenes de sexualidad paisajís-
tica (llanura empinada, sol, ríos puestos de pie) que continúan la anterior fantasía floral de la monja. Cada una de estas imágenes contiene una simbología
sexual más o menos evidente.

LA CASADA INFIEL

A Lydia Cabrera y a su negrita *

1   Y que yo me la llevé al río
    creyendo que era mozuela,
    pero tenía marido.
    Fue la noche de Santiago
5   y casi por compromiso.
    Se apagaron los faroles
    y se encendieron los grillos.

---

*   Lydia Cabrera (1900-1991), novelista y folclorista cubana, autora de libros de cuentos negros. Fue Cabrera por quien se conocieron en 1926 Lorca y Margarita Xirgu, a quien va dedicado el romance del *Prendimiento de Antoñito el Camborio en el camino de Sevilla.* La «negrita» era una colaboradora y doncella suya, llamada Carmela Bejarano. El encuentro de Lorca con Lydia Cabrera y la anécdota de la dedicatoria vienen referidos por A. Josephs y J. Caballero en su edición del *Romancero gitano* (Madrid, Cátedra, pág. 243).

2   *mozuela:* dialectismo para soltera, según M. Alvar, *Poesía dialectal española,* Madrid, Alcalá, 1965, pág. 39.

4   *la noche de Santiago:* la noche del 24 al 25 de julio, día de Santiago, patrono de España. La fecha precisa debe explicar la ocasión de la anécdota y ciertos detalles paisajísticos y climatológicos de la historia narrada. El encanto y el misterio particulares de una noche de Santiago se leen en *Santiago* del *Libro de poemas.* Ver también el *Romance del emplazado* (vv. 42-43) y el poemita *Franja,* de la suite *Noche:*

> El camino de Santiago.
> (Oh noche de mi amor...)

6-7   *faroles-grillos:* al pasar la frontera entre la zona habitada y el campo se pasa de un paisaje visual a otro auditivo. Un procedimiento análogo en

En las últimas esquinas
toqué sus pechos dormidos,
10   y se me abrieron de pronto
como ramos de jacintos.
El almidón de su enagua
me sonaba en el oído,
como una pieza de seda
15   rasgada por diez cuchillos.
Sin luz de plata en sus copas
los árboles han crecido
y un horizonte de perros
ladra muy lejos del río.

*

20   Pasadas las zarzamoras,
los juncos y los espinos,
bajo su mata de pelo
hice un hoyo sobre el limo.
Yo me quité la corbata.
25   Ella se quitó el vestido.
Yo el cinturón con revólver.
Ella sus cuatro corpiños.

Fantasía simbólica: «Las luces de las callejas... se apagaron, y el río Darro, haciendo un arpegio, se puso a cantar...». En *Hora de estrellas* (del *Libro de poemas),* al hablar del canto de los grillos en la noche, el poeta dice textualmente: «luz musical» (v. 12). Y en *Crucifixión* del ciclo de Nueva York se lee: «las ranas encendieron sus lumbres...» (v. 35).

15 *diez cuchillos:* la precisión numérica permite el nexo metafórico entre cuchillos y dedos de la mano. Una visión análoga en *La guitarra,* del *Poema del cante jondo,* versos finales: «Corazón malherido / por cinco espadas».

16 *luz de plata:* para la luz plateada de la luna, ver, entre un sinnúmero de ejemplos, éste del *Romancero gitano:*

Ajo de agónica plata
la luna menguante...

(Muerto de amor, vv. 9-10)

    Ni nardos ni caracolas
    tienen el cutis tan fino,
30 ni los cristales con luna
    relumbran con ese brillo.
    Sus muslos se me escapaban
    como peces sorprendidos,
    la mitad llenos de lumbre,
35 la mitad llenos de frío.
    Aquella noche corrí
    el mejor de los caminos,
    montado en potra de nácar
    sin bridas y sin estribos.
40 No quiero decir, por hombre,
    las cosas que ella me dijo.
    La luz del entendimiento
    me hace ser muy comedido.
    Sucia de besos y arena
45 yo me la llevé del río.
    Con el aire se batían
    las espadas de los lirios.
    Me porté como quien soy.
    Como un gitano legítimo.
50 La regalé un costurero
    grande de raso pajizo,
    y no quise enamorarme
    porque teniendo marido
    me dijo que era mozuela
55 cuando la llevaba al río.

---

47   *las espadas de los lirios:* esta imagen de raigambre popular y empleada
por poetas clásicos como Lope de Vega, reaparecerá transformada en *Ruina,* de
Poeta en Nueva York:

> Vienen las hierbas, hijo;
> ya suenan sus espadas de saliva
> por el cielo vacío.

50   *la:* a pesar del manuscrito, de varias ediciones y de una seria duda
personal sobre la legitimidad de este insólito caso de laísmo lorquiano, man-
tengo la forma «la» de la edición príncipe y de todas las ediciones en vida del
autor, menos *Revista de Occidente.*

7

ROMANCE DE LA PENA NEGRA *

A José Navarro Pardo **

1   Las piquetas de los gallos
    cavan buscando la aurora,

---

*   Para entender cabalmente la importancia y el sentido de este romance, el más representativo del libro, hay que acordarse del comentario del poeta en su conferencia-recital: «... Soledad Montoya, concreción de la Pena sin remedio, de la pena negra, de la cual no se puede salir más que abriendo con un cuchillo un ojal bien hondo en el costado siniestro. La pena de Soledad Montoya es la raíz del pueblo andaluz... es un ansia sin objeto, es un amor agudo a nada, con una seguridad de que la muerte (preocupación perenne de Andalucía) está respirando detrás de la puerta». Esta pena existencial ya había sido el tema de numerosos textos de Lorca, particularmente del *Poema del cante jondo*. En la conferencia sobre *El cante jondo* dice: «La mujer en el "cante jondo" se llama Pena. Es admirable cómo a través de las construcciones líricas un sentimiento va tomando forma y cómo llega a concrecionarse en una cosa casi material. Este es el caso de la Pena. En las coplas, la Pena se hace carne, toma forma humana y se acusa con una línea definida...». Todavía en 1936, Lorca confirmaba que en el *Romancero gitano* «hay un solo personaje real, que es la pena...» *(El poeta García Lorca y su* Romancero gitano).

**   José Navarro Pardo (1893-1971), amigo del Rinconcillo, arabista y catedrático de la Escuela de Estudios Árabes de Granada. Figura entre los amigos colaboradores de la revista *Gallo*. Entre las iniciativas editoriales proyectadas por *Gallo* figuraba una *Antología de los poetas árabes* preparada por J. Navarro Pardo.

1-2   Estos versos, con la metafórica indicación del anuncio del día, provienen de un poema anterior, *Cueva,* primera composición de una sección del *Poema del cante jondo,* luego suprimida: *La bulería de la muerte* (1921).

cuando por el monte oscuro
baja Soledad Montoya.
5   Cobre amarillo, su carne,
huele a caballo y a sombra.
Yunques ahumados sus pechos,
gimen canciones redondas.
Soledad: ¿por quién preguntas
10 sin compaña y a estas horas?
Pregunte por quien pregunte,
dime: ¿a ti qué se te importa?
Vengo a buscar lo que busco,
mi alegría y mi persona.
15 Soledad de mis pesares,
caballo que se desboca,
al fin encuentra la mar
y se lo tragan las olas.
No me recuerdes el mar
20 que la pena negra, brota
en las tierras de aceituna
bajo el rumor de las hojas.
¡Soledad, qué pena tienes!
¡Qué pena tan lastimosa!
25 Lloras zumo de limón
agrio de espera y de boca.

He estudiado algunos aspectos de este poemita en sus relaciones con el *Romancero gitano* en: «La esquina de la sorpresa: Lorca entre el Poema del cante jondo y el Romancero gitano», *Revista de Occidente,* núm. 65 (oct. 1986), págs. 9-31.

    5   *cobre:* para el simbolismo metálico en relación con los gitanos, ver el *Romance de la luna, luna,* vv. 1 y 26. Ver también la imagen de los «yunques» del verso 7.

  17-19 Mar, más que geografía, es símbolo de punto definitivamente final, como en la *Baladilla de los tres ríos,* del *Poema del cante jondo.*

  20-22 Todo el *Poema de la siguiriya gitana,* y particularmente *Paisaje* y *El grito,* son la ilustración de esta aserción.

  25 *lloras zumo de limón:* Lorca había empleado ya esta sinestética y emblemática sugerencia de amargura sentimental, causada por falta o ausencia de amor, en *Adelina de paseo* (de *Canciones*). Ver igualmente los versos finales de *Juan Breva* (del *Poema del cante jondo*).

¡Qué pena tan grande! Corro
mi casa como una loca,
mis dos trenzas por el suelo
30   de la cocina a la alcoba.
¡Qué pena! Me estoy poniendo
de azabache, carne y ropa.
¡Ay mis camisas de hilo!
¡Ay mis muslos de amapola!
35   Soledad: lava tu cuerpo
con agua de las alondras,
y deja tu corazón
en paz, Soledad Montoya.

*

Por abajo canta el río:
40   volante de cielo y hojas.
Con flores de calabaza,
la nueva luz se corona.
¡Oh pena de los gitanos!
Pena limpia y siempre sola.
45   ¡Oh pena de cauce oculto
y madrugada remota!

---

34   *muslos de amapola:* para la sexualidad floral, ver el v. 28 de *Preciosa y el aire.*

36   *agua de alondras:* agua clara y fresca del rocío.

40   *volante:* el río visto como metafórico volante multicolor, adornado de reflejos azules (cielo) y verdes (hojas). Esta visión se apoya probablemente en otra metáfora complementaria, no explícita: Soledad Montoya baja por «la falda» del monte (vv. 3-4).

41   *flores de calabaza:* alusión a la luz amarillenta de la madrugada avanzada (ver los vv. 1-2).

8

SAN MIGUEL *
(GRANADA)

A Diego Buigas de Dalmáu **

1   Se ven desde las barandas,
     por el monte, monte, monte,
     mulos y sombras de mulos
     cargados de girasoles.
5   Sus ojos en las umbrías
     se empañan de inmensa noche.
     En los recodos del aire,
     cruje la aurora salobre.

---

  * En manuscritos o ediciones anteriores se le dieron los títulos siguientes: *San Miguel (romance gitano); San Miguel Arcángel (esto es una romería); San Miguel.* Atribución y localización se deben a la típica romería granadina, en 29 de septiembre, a la ermita de San Miguel el Alto (Sacromonte). La estatua barroca del arcángel San Miguel (1675), encima del altar del trascoro, es del escultor Bernardo de Mora (1614-1684). A ambos lados están sendas esculturas de San Gabriel y de San Rafael, formando un tríptico con la de San Miguel.

  ** Diego Buigas de Dalmáu, hijo de diplomático, compañero de la Residencia madrileña, más tarde diplomático de carrera como el hermano de Federico, Francisco García Lorca. Aparece entre los participantes en el acto de homenaje a Lorca (22 de octubre de 1927) con motivo del estreno de *La zapatera prodigiosa.*

Un cielo de mulos blancos
10 cierra sus ojos de azogue
dando a la quieta penumbra
un final de corazones.
Y el agua se pone fría
para que nadie la toque.
15 Agua loca y descubierta
por el monte, monte, monte.

*

San Miguel lleno de encajes
en la alcoba de su torre,

---

9 *cielo de mulos blancos:* hay que apuntar la cercanía de varias imágenes del romance con los versos del fragmento del «idilio trágico» llamado *La
sirena y el carabinero.* Ambos textos son de 1926. Así, por ejemplo, el v. 17:
«La noche disfrazada con una piel de mulos...». Los «mulos blancos» en el
cielo, réplica de los mulos oscuros en el monte, son una metafórica visión de
las nubes. Más tarde el poeta reelaboraría esta visión en varias ocasiones, por
ejemplo en *Poeta en Nueva York:* «... el viento va quebrando / los camellos
sonámbulos de las nubes...» *(Norma y paraíso de los negros,* vv. 23-24), «el
cielo desembocaba... / manadas de bisontes empujadas por el viento» *(Oda a
Walt Whitman,* vv. 14-15) o en el *Llanto por Ignacio Sánchez Mejías,* en la
segunda parte, *La sangre derramada,* la luna como «caballo de nubes quie-
tas» (v. 7) y los «toros celestes» (v. 48).

10 *ojos de azogue:* las estrellas, con lo que el poeta continúa la descripción metafórica de los elementos naturales meteorológicos y astronómicos.

Para la visión del cielo como espejo con azogue, ver la *Suite de los espejos: El gran espejo,* vv. 1-2: «Vivimos / bajo el gran espejo»; *Reflejo:* «Doña
Luna. / (¿Se ha roto el azogue?)...». Para la metáfora estrella-ojo, ver la suite
Noche: Rincón del cielo, vv. 1-3: «La estrella / vieja / cierra sus ojos...»;
Total, vv. 5-6: «Las estrellas entornan / sus párpados azules...»; *Un lucero,*
vv. 1-2: «Hay un lucero quieto, / un lucero sin párpados». Ver también la *Gacela de la terrible presencia* del *Diván del Tamarit:* «Quiero que la noche se
quede sin ojos...» (v. 3).

12 *final de corazones:* el momento último y supremo de la noche (v. 6),
cuando la aurora (v. 8) colorea el cielo de rosicler (corazones: cromatismo y
emoción colectiva).

17 y sigs. *encajes, etc.:* sigue ahora una larga serie de detalles (encajes,
muslos descubiertos, plumas, efebo, agua colonia...) de la estatua que Lorca
describe o interpreta como afeminada o con características sexuales ambiguas.

enseña sus bellos muslos
20 ceñidos por los faroles.
    Arcángel domesticado
    en el gesto de las doce,
    finge una cólera dulce
    de plumas y ruiseñores.
25 San Miguel canta en los vidrios;
    Efebo de tres mil noches,
    fragante de agua colonia
    y lejano de las flores.

                    *

    El mar baila por la playa,
30 un poema de balcones.
    Las orillas de la luna
    pierden juncos, ganan voces.
    Vienen manolas comiendo
    semillas de girasoles,
35 los culos grandes y ocultos
    como planetas de cobre.

Ya en *Santiago,* de *Libro de poemas,* el santo peregrino se presentaba: «la cabeza llena de plumajes / y de perlas muy finas el cuerpo. / ... Con bordón de esmeraldas y perlas / y una túnica de terciopelo».

21-22   El Arcángel, capitán de las milicias celestes, aparece aquí inmovilizado («domesticado»), el brazo militar, armado de flechas, levantado como las agujas del reloj. Ver estos versos de *Meditación primera y última* (de *La selva de los relojes):*

> la Eternidad
> está fija en las doce.

29-30   Estos dos versos, de una riqueza imaginativa particularmente abundante, ofrecen una visión antropomórfica del mar (movimiento de olas y sonido) en una combinación del arte gráfico (baile) con el arquitectónico (balcón) y el literario (poema). Los «balcones» del mar son además una réplica marítima de «las barandas» (v. 1) de la sierra.

31-32   El mundo nocturno (luna, junco) que cede el paso al día (voces). Los mismos elementos nocturnos en el *Nocturno esquemático* de *Canciones.* Para el paso de una situación a otra, pero aquí en orden inverso, ver los vv. 6-7 de *La casada infiel* (de la luz del pueblo a la oscuridad del campo).

Vienen altos caballeros
y damas de triste porte,
morenas por la nostalgia
40   de un ayer de ruiseñores.
Y el obispo de Manila
ciego de azafrán y pobre,
dice misa con dos filos
para mujeres y hombres.

*

45   San Miguel se estaba quieto
en la alcoba de su torre,
con las enaguas cuajadas
de espejitos y entredoses.
San Miguel, rey de los globos
50   y de los números nones,
en el primor berberisco
de gritos y miradores.

---

36   *como planetas de cobre:* con esta comparación explícita siguen las alusiones astronómicas anteriores; se añade aquí el toque metálico tópico del mundo gitano (ver *Romance de la pena negra,* v. 5: «Cobre amarillo, su carne...»).

41   *el obispo de Manila:* de tratarse aquí de un personaje real anecdótico, bien podría referirse al dominico fray Bernardino Nozaleda y Villa, último arzobispo español de Manila (1844-1927), según las investigaciones al respecto de Luis Beltrán Fernández de los Ríos, *La arquitectura del humo: una reconstrucción del Romancero gitano de FGL,* Londres, Tamesis Books, 1986, págs. 109-110. Pero más que la exacta identidad del personaje histórico importa su papel de representante de un «ayer» mitificado.

50   *números nones:* San Miguel, a pesar de estar fijo en la actitud de las doce del reloj, se considera como defensor de la buena suerte de los números impares en loterías y rifas, como la de su día, el 29 de septiembre.

51-52   La casi totalidad de los elementos léxicos de estos dos versos (primor, aspecto berberisco-arabesco, miradores) con numerosos otros datos temáticos y ambientales de este romance granadino encuentran un eco muy claro en conferencia lorquiana de 1926, *Homenaje a Soto de Rojas,* autor del poema granadino por excelencia, según Lorca: *Paraíso cerrado para muchos, jardín abierto para pocos.*

9

SAN RAFAEL
(CÓRDOBA) *

A Juan Izquierdo Croselles **

I

1   Coches cerrados llegaban
    a las orillas de juncos
    donde las ondas alisan
    romano torso desnudo.

---

*   Muchos detalles materiales del romance se entienden, por una parte, a partir de la historia bíblica del libro de Tobías (capítulos 5 a 12), y, por otra parte, a partir de la iconografía propia del arcángel patrono de Córdoba. Varias estatuas y cuadros del ángel peregrino se hallan en diferentes lugares de la capital andaluza (romana y musulmana), particularmente a orilla del río Guadalquivir y en el antiguo puente romano (v. 23).

**   Juan Izquierdo Croselles, amigo del Rinconcillo granadino, coronel de artillería y técnico de explosivos, geógrafo, autor, con su hermano Joaquín, de un *Texto-Atlas de Geografía Universal,* Madrid, Artes Gráficas, sin año. Después de la guerra civil se trasladó a México.

1   *coches:* coches o tal vez barcos, como en *Son de negros en Cuba,* de *Poeta en Nueva York:* «iré a Santiago / en un coche de aguas negras».

4   *romano torso:* varios elementos arqueológicos (también v. 17: «pie de mármol», v. 22: «arcos de triunfo», vv. 23-24: «puente... Neptuno», v. 40: «los mármoles», v. 42: «solitaria columna») forman parte de la evocación del cuadro geográfico-histórico, exactamente como en el *Martirio de Santa Olalla* (por ejemplo, vv. 9-10).

5   Coches, que el Guadalquivir
     tiende en su cristal maduro,
     entre láminas de flores
     y resonancias de nublos.
     Los niños tejen y cantan
10   el desengaño del mundo
     cerca de los viejos coches
     perdidos en el nocturno.
     Pero Córdoba no tiembla
     bajo el misterio confuso,
15   pues si la sombra levanta
     la arquitectura del humo,
     un pie de mármol afirma
     su casto fulgor enjuto.
     Pétalos de lata débil
20   recaman los grises puros
     de la brisa, desplegada
     sobre los arcos de triunfo.
     Y mientras el puente sopla
     diez rumores de Neptuno,
25   vendedores de tabaco
     huyen por el roto muro.

---

6   *cristal:* en base de este cristal-espejo del agua se establecen todo un juego de reflejos y una teoría de doble arquitectura que atraviesa todo el romance (ver los vv. 7-8, 15-18, 27-30, 47-50).

9   *los niños:* una constante de la iconografía de San Rafael, acompañante y protector del joven Tobías, considerado por esto como ángel custodio de los niños. En el *Romance del emplazado* también los muchachos se bañan en el río (vv. 14-17).

15-18   Las dos Córdobas, la inquietante, confusa, blanda y misteriosa arquitectura de agua y nieblas nocturnas, lugar de encuentro de gentes extrañas (para muchos críticos, el mundo de los pederastas), y la firme, celeste, enjuta y fría arquitectura de las estatuas y del mármol.

19-26   El encuentro de elementos de alta calidad histórica y mítica (arcos de triunfo, puente romano con sus arcos, Neptuno) con otros de la actualidad más vulgar (lata, tabaco, el muro roto) era uno de los propósitos declarados del poeta.

II

Un solo pez en el agua
que a las dos Córdobas junta:
Blanda Córdoba de juncos.
30   Córdoba de arquitectura.
Niños de cara impasible
en la orilla se desnudan,
aprendices de Tobías
y Merlines de cintura,
35   para fastidiar al pez
en irónica pregunta
si quiere flores de vino
o saltos de media luna.
Pero el pez que dora el agua
40   y los mármoles enluta,
les da lección y equilibrio
de solitaria columna.
El Arcángel aljamiado
de lentejuelas oscuras,
45   en el mitin de las ondas
buscaba rumor y cuna.

*

---

27   *pez:* el detalle iconográfico más característico para San Rafael en su
viaje con Tobías.

34   *Merlines de cintura:* delgados y hechiceros, representados como en
un círculo mágico de agua, comparable al que aprisionaba al propio Merlín.

37-38   La alternativa propuesta para el fastidio que le causan al pez inmóvil los niños parece poder explicarse por un doble posible motivo del
baño: bien quieren enturbiarle al pez el agua del río (v. 37), bien le quieren
molestar moviendo las aguas con sus ejercicios de natación (v. 38, con una
connotación del mundo árabe: «media luna»).

39-40   El pez metálico de la estatua brilla reflejado en el agua (v. 39),
pero ensucia el mármol por oxidación (v. 40).

43   *el Arcángel aljamiado:* según las palabras del poeta en su conferencia-
recital: «San Rafael, arcángel peregrino que vive en la Biblia y en el Korán, qui-
zás más amigo de musulmanes que de cristianos, que pesca en el río de Córdoba».

Un solo pez en el agua.
Dos Córdobas de hermosura.
Córdoba quebrada en chorros.
50   Celeste Córdoba enjuta.

10

SAN GABRIEL *
(SEVILLA)

*A D. Agustín Viñuales **

I

1   Un bello niño de junco,
    anchos hombros, fino talle,
    piel de nocturna manzana,
    boca triste y ojos grandes,

---

  * Como para el romance anterior, un episodio bíblico, el de la Anunciación (Luc. I, 26-38), con su iconografía tradicional, da la clave de lectura del trasfondo de la anécdota.

  ** Agustín Viñuales (1881-19?), originario de Huesca, catedrático de Economía Política en la Universidad de Granada. Único dedicatario del libro con tratamiento de cortesía (Don), profesor que fue de Lorca en Granada. Ministro de Hacienda en la época de la República. Por una anécdota contada por el poeta en una carta a Jorge Guillén *(Epistolario II,* pág. 122) del año 1928, se aprecia mejor tanto la amistad como la deferencia de Lorca para con su antiguo profesor.

  1 *niño de junco:* niño en el sentido andaluz de joven soltero. Gracia, hermosura (v. 1), esbeltez y gallardía (vv. 2, 12, 33) son elementos del «juncalismo» gitano. Uno puede comparar con esta expresión de *La zapatera prodigiosa,* hablando de su marido: «Que a pesar de sus cincuenta y tantos años... me resulta más juncal y torerillo que todos los hombres del mundo» (escena final). La descripción de San Gabriel se acerca mucho a los tópicos lorquianos para los toreros sevillanos:

5   nervio de plata caliente,
        ronda la desierta calle.
        Sus zapatos de charol
        rompen las dalias del aire,
        con los dos ritmos que cantan
10   breves lutos celestiales.
        En la ribera del mar
        no hay palma que se le iguale,
        ni emperador coronado
        ni lucero caminante.
15   Cuando la cabeza inclina
        sobre su pecho de jaspe,
        la noche busca llanuras
        porque quiere arrodillarse.

Pasaron tres torerillos
delgaditos de cintura...
Vente a Sevilla, muchacha.

(Arbolé, arbolé)

Sevilla es una torre
llena de arqueros finos.

(Sevilla)

5   *nervio de plata:* imagen de tensión, como de una cuerda metálica o de un instrumento musical. Ver el v. 6 de *Thamar y Amnón:* «nervios de metal sonaban».

7-10   Tanto el color negro y la misma materia de los zapatos como la simbología funesta de las flores hacen inteligible la fúnebre premonición («lutos») de la visita del arcángel. Para el charol se puede comparar con el v. 7 «con el alma de charol» del *Romance de la Guardia civil española.* Las dalias conllevan siempre sugestiones negativas: ver el soneto *Yo sé que mi perfil...:* «el sinfín de dalias doloridas», y la lamentación en *Yerma* (acto II, cuadro II): «... pido un hijo que sufrir, y el aire / me ofrece dalias de dormida luna».

Lo mismo en *Doña Rosita la soltera,* en el lenguaje de las flores: «desdén esquivo, la dalia», y en *Thamar y Amnón,* v. 44.

11-14   Hay que comparar estos versos con la loa de Ignacio Sánchez Mejías, la segunda parte *La sangre derramada:*

No hubo príncipe en Sevilla
que comparársele pueda,
ni espada como su espada
ni corazón tan de veras.

        Las guitarras suenan solas
20 para San Gabriel Arcángel,
        domador de palomillas
        y enemigo de los sauces.
        San Gabriel: El niño llora
        en el vientre de su madre.
25 No olvides que los gitanos
        te regalaron el traje.

                              II

        Anunciación de los Reyes
        bien lunada y mal vestida,
        abre la puerta al lucero
30 que por la calle venía.
        El Arcángel San Gabriel
        entre azucena y sonrisa,
        biznieto de la Giralda
        se acercaba de visita.

_____

21 *palomillas:* alusión graciosa al Espíritu Santo, representado bajo forma de paloma en todas las escenas de anunciación.

23-24   Hay que leer estos dos versos en contraste con los vv. 63-64. La primera vez se evoca al niño que llora, pidiendo por venir al mundo, como en la canción de *Yerma* (acto I, cuadro I), mientras que en los versos finales el mensaje del ángel se ha realizado.

26   *el traje:* alusión a una costumbre corriente y muy popular de vestir a los santos.

28   *bien lunada y mal vestida:* la corrección del texto original manuscrito *mal lunada y bien vestida* permite una lectura de *bien lunada* que, al lado de una nota caracterial (de buen humor, alegre), también ofrece una característica somática: la negligencia vestimentaria descubre la(s) luna(s) de su(s) pecho(s) (cfr. v. 57), lo que introduce otra vez una señal de mal agüero en esta escena. Para el paso metafórico luna-pecho, ver, por ejemplo, *Thamar y Amnón*, vv. 33-36, o la *Fábula y rueda de los tres amigos*, de *Poeta en Nueva York:* «Diana es dura / pero a veces tiene los pechos nublados».

32   *azucena:* este símbolo tradicional y culto de la pureza es otra constante iconográfica en las representaciones de la Anunciación.

33   *la Giralda:* además de ser un evidente detalle de la arquitectura sevillana, contiene una nueva alusión a la esbeltez y finura del gitano anunciador,

35   En su chaleco bordado
     grillos ocultos palpitan.
     Las estrellas de la noche,
     se volvieron campanillas.

«padre de la propaganda que planta sus azucenas en la torre de Sevilla», según el comentario del propio poeta.

36   *grillos ocultos palpitan:* manifestación metafórica de la agitación y
del calor del deseo reprimido (cfr. v. 41: «fulgor»). En una versión suprimida
de *La monja gitana* se leía para un sentimiento amoroso análogo:

> Y siente por sus espaldas
> un negro chorro de hormigas

(vv. 26-27)

También en *Thamar y Amnón,* la «carne quemada» de Amnón experimenta
«avispas y vientecillos» (vv. 62-63). En *Cigarra, del Libro de poemas,* se halla, además, un nexo explícito con el Espíritu Santo:

> ¡Cigarra!
> ¡Dichosa tú!
> pues te envuelve con su manto
> el propio Espíritu Santo,
> que es la luz.

en un contexto muy próximo al himno litúrgico *Veni, Sancte Spiritus.* Ver
también el v. 55: «¡Ay San Gabriel que reluces!»

37-40   Hay que considerar la metamorfosis astro-floral de los vv. 37-38,
junto con la paralela de los versos finales 69-70:

> Las estrellas de la noche
> se volvieron siemprevivas.

El simbolismo floral de la siempreviva se da a conocer en más de una ocasión en la obra de Lorca, muy claramente, en la canción sobre el lenguaje de
las flores en el acto II de *Doña Rosita la soltera:*

> la siempreviva te mata.

> Siempreviva de la muerte,
> flor de las manos cruzadas...

Este simbolismo de mal agüero para el final del romance, apoyado por el
verso 66: «Tres balas de almendra verde», permite leer en contraste la metamorfosis del v. 38, con las campanillas, y el verso 40 «con tres clavos de alegría». Así como la alegría del momento de la anunciación (v. 40) se opone a la
amarga perspectiva de la pasión futura (v. 65), la primera metamorfosis astral
(campanillas) debe oponerse a la segunda (siemprevivas) como fiesta a luto
(nacimiento celebrado versus pasión y muerte). En este sentido este romance

San Gabriel: Aquí me tienes
40   con tres clavos de alegría.
Tu fulgor abre jazmines
sobre mi cara encendida.
Dios te salve, Anunciación.
Morena de maravilla.
45   Tendrás un niño más bello
que los tallos de la brisa.
¡Ay San Gabriel de mis ojos!
¡Gabrielillo de mi vida!
para sentarte yo sueño
50   un sillón de clavellinas.
Dios te salve, Anunciación,
bien lunada y mal vestida.
Tu niño tendrá en el pecho
un lunar y tres heridas.
55   ¡Ay San Gabriel que reluces!
¡Gabrielillo de mi vida!

---

ofrece una nueva ilustración del tema lorquiano de la doble cara de Sevilla:
felicidad y dolor (cfr. mi análisis del *Poema de la saeta,* en FGL, *Poema del
cante jondo,* págs. 118-122). Existen estatuas del niño Jesús, rodeado de una
calavera y de los instrumentos de la pasión.

40   *tres clavos:* como las tres heridas del v. 54 y las tres balas de almendra del v. 65. Otro detalle real con interpretación simbólica.

41   *jazmines:* blancura para refrescar el fuego (v. 42). Para el valor emblemático del jazmín, ver *Amparo,* del *Poema del cante jondo; La sangre
derramada,* del *Llanto,* vv. 11-13:

> Que mi recuerdo se quema.
> ¡Avisad a los jazmines
> con su blancura pequeña!

Pero también dolor: «jazmín de pena», «jazminero desangrado» *(Doña Rosita la soltera)* y fidelidad amorosa: «Dice el jazmín: Seré fiel» (acto II).

50   *clavellinas:* en la larga gama de flores de este romance que contiene
un verdadero lenguaje de las flores, la flor emblemática del amor.

54   *un lunar y tres heridas:* clara profecía de las llagas de Cristo. La
selección del término «lunar» en compañía de las heridas demuestra otra
vez la funesta connotación de la luna. Otra reminiscencia del «niño de la
pasión».

En el fondo de mis pechos
ya nace la leche tibia.
Dios te salve, Anunciación.
60   Madre de cien dinastías.
Aridos lucen tus ojos,
paisajes de caballista.

*

El niño canta en el seno
de Anunciación sorprendida.
65   Tres balas de almendra verde
tiemblan en su vocecita.

Ya San Gabriel en el aire
por una escala subía.
Las estrellas de la noche
70   se volvieron siemprevivas.

---

60   *madre de cien dinastías:* remite a la profecía del porvenir de sufrimiento para los descendientes sin número de este árbol genealógico de la
pena.

61   *áridos:* oxímoron con «cien dinastías».

61-62   Evocación visionaria del deseo soñado y negado, comparable al
sueño de *La monja gitana,* vv. 21-22.

63   *el niño canta:* en contraste y complemento de los vv. 23-24.

65   *tres balas de almendra:* en contraste con el v. 40.

68   *por una escala subía:* inspirado en el episodio bíblico del sueño de
Jacob (Gén. XXVIII, 12).

70   *siemprevivas:* ver los vv. 37-38.

11

PRENDIMIENTO DE ANTOÑITO EL CAMBORIO EN EL CAMINO DE SEVILLA *

*A Margarita Xirgu ***

1   Antonio Torres Heredia,
hijo y nieto de Camborios,
con una vara de mimbre
va a Sevilla a ver los toros.

---

* En manuscritos o ediciones anteriores se le dieron los siguientes títulos: *Prendimiento de Antoñito el Camborio en el camino de Sevilla (romance gitano); Prendimiento de Antoñito el Camborio.* El término «prendimiento» tiene aquí resabor religioso de escena de la pasión de Cristo, sobre todo dentro del contexto del romance anterior (nacimiento y profecía de la pasión de Jesucristo) y el siguiente (pasión y muerte).

** Margarita Xirgu (1888-1969), famosa actriz y amiga de Lorca desde 1926. Estrenó en Barcelona y luego en Madrid, en el año 1927, su *Mariana Pineda.* Lorca le dedicó además esta obra: «A la gran actriz Margarita Xirgu». Más tarde llevaría a la escena también otras obras de Lorca, como *La zapatera prodigiosa* (1930), *Yerma* (1934), *Doña Rosita la soltera* (1935), *Bodas de Sangre* (1935) y póstumamente *La casa de Bernarda Alba* (1945). Vivió en América del Sur desde 1936 y murió en Montevideo.

3   *con una vara de mimbre:* esta particular señal de dignidad y de elegancia que cuadra perfectamente bien con la presentación casi dinástica (v. 2) de Antoñito, prototipo del gitano andaluz lorquiano, tiene un eco en un retrato de caballero de *La zapatera prodigiosa,* acto I: «Emiliano, que venía montado en una jaca negra... con una varilla de mimbre en su mano y las espuelas de cobre reluciente». A Antoñito se la van a quitar (v. 27), a Jesucristo se la pusieron de burla.

5   Moreno de verde luna
    anda despacio y garboso.
    Sus empavonados bucles
    le brillan entre los ojos.
    A la mitad del camino
10 cortó limones redondos,
    y los fue tirando al agua
    hasta que la puso de oro.
    Y a la mitad del camino,
    bajo las ramas de un olmo,
15 guardia civil caminera
    lo llevó codo con codo.

*

5   *moreno de verde luna:* el color moreno es tópico del mundo gitano lorquiano (ver *San Miguel,* v. 39; *San Gabriel,* v. 44, etc.). La calificación «de
verde luna», en el contexto del *Romancero gitano,* conlleva toda la carga funesta premonitoria que le da, por ejemplo, el *Romance sonámbulo.* En el segundo romance de Antoñito, *Muerte de Antoñito el Camborio,* se repite exactamente la misma calificación en el v. 21. «Moreno de luna» y expresiones
análogas se hallan además en varios textos: *Primer aniversario (Canciones):*
«Morena de luna llena» (v. 7); *Normas I (Poemas sueltos):* «morenas de luna
en vilo» (v. 7); en una carta a José Bello, verano de 1925 *(Epistolario I,*
pág. 115): «me pongo moreno de sol y de luna llena...». La expresión «moreno
de verde luna» llegó a ser una especie de *epitheton ornans* para el propio poeta
en boca de los que le identificaban más o menos con su obra: ver, por ejemplo, J. Chabás, en *Voz* (Madrid, 3 de septiembre de 1934), *Vacaciones de la
Barraca:* «F. García Lorca, moreno de luna verde, va a Granada, a descan-
sar...», o Nic. González-Deleito, en *Escena* (Madrid, mayo de 1935), *F. García Lorca y el teatro de hoy:* «... El autor del *Romancero gitano...* moreno de
luna verde, ha dado estas seis enjundiosas respuestas...».

13   *y a la mitad del camino:* la tradicionalidad popular de este verso, como
el v. 9, el 4 y otros más, fue comprobada por la existencia de numerosas coplas,
como la siguiente, sacada por J. C. Forster, «Posibles puntos de partida para
dos poemas de Lorca, *Romance Notes»,* vol. XI (1969-70, págs. 498-500):

> Una malagueña fue
> a Sevilla a ver los toros
> y a la mitá del camino
> la cautivaron los moros.

Hay que señalar además la coincidencia de la rima.

El día se va despacio,
la tarde colgada a un hombro,
dando una larga torera
20   sobre el mar y los arroyos.
Las aceitunas aguardan
la noche de Capricornio,
y una corta brisa, ecuestre,
salta los montes de plomo.

---

19   *una larga torera:* la larga es un lance de la tauromaquia que consiste en
torear con la capa extendida. Importa aquí la visión particular del fenómeno natural del ocaso como un paso de una corrida: la naturaleza ofrece el espectáculo
taurino del que el héroe quedó frustrado. El nexo metafórico debe ser el color
rojo, común al capote y al crepúsculo. Hay que comparar esta visión taurina y
sangrienta con otra que se lee en una *Canción* (para Alfredo Mario Ferreiro):

> Y yo con la tarde
> sobre mis hombros
> como un corderito
> muerto por el lobo...

Imagen análoga, pero no taurina, sino de buen pastor con el cordero ensan-
grentado sobre el hombro. En *Campo (Libro de poemas)* Lorca ya decía:

> Tiene sangre reseca
> la herida del ocaso.

(vv. 5-6)

22   *la noche de Capricornio:* la noche del 22 de diciembre, solsticio de invierno, era para los primeros cristianos la primitiva noche de Navidad, en la que,
según Josette Blanquat, se consagraban los santos óleos («Mithra et la Rome an-
dalouse...», *Revue de Littérature Comparée,* vol. XXXVII [1963], pág. 338).

23-24   La imagen ecuestre es frecuente en la obra de Lorca para evocar
fenómenos de la naturaleza. Ver, por ejemplo, *Mi niña se fue a la mar:*

> El cielo monta gallardo
> el río, de orilla a orilla.

(v. 13-14)

o en la escena VI de la estampa III de *Mariana Pineda:*

> Pedro, coge tu caballo
> y ven montado en el día.

y en la *Canción de jinete (1860),* de *Canciones:*

> La noche espolea
> sus negros ijares
> clavándose estrellas.

(vv. 16-18)

25 Antonio Torres Heredia
 hijo y nieto de Camborios,
 viene sin vara de mimbre
 entre los cinco tricornios.
 Antonio, ¿quién eres tú?
30 Si te llamaras Camborio,
 hubieras hecho una fuente
 de sangre, con cinco chorros.
 Ni tú eres hijo de nadie,
 ni legítimo Camborio.
35 ¡Se acabaron los gitanos
 que iban por el monte solos!
 Están los viejos cuchillos,
 tiritando bajo el polvo.

*

 A las nueve de la noche
40 lo llevan al calabozo,
 mientras los guardias civiles
 beben limonada todos.
 Y a las nueve de la noche
 le cierran el calabozo,
45 mientras el cielo reluce
 como la grupa de un potro.

---

33 *hijo de nadie:* despectivo, en oposición con los vv. 2 y 26.
42 *limonada:* en irónico contraste con la acción recriminada de los vv. 10-12.
46 *potro:* ver la nota a los vv. 23-24.

12

MUERTE DE ANTOÑITO EL CAMBORIO

A José Antonio Rubio Sacristán *

1   Voces de muerte sonaron
    cerca del Guadalquivir.
    Voces antiguas que cercan
    voz de clavel varonil.

---

*   José Antonio Rubio Sacristán (1903), compañero de cuarto de Lorca en la Residencia de Estudiantes en Madrid, estudioso de historia y de derecho, más tarde catedrático de La Laguna. Residió algún tiempo en los Estados Unidos, donde Lorca volvería a encontrarle. Contó la historia de la redacción de este romance: «... una noche fría de invierno, Federico se acostó temprano y allí en la cama redactó *Muerte de Antoñito el Camborio...*» (Jorge Guillén, *Federico en persona,* en FGL, *Obras completas,* Madrid, Aguilar, I, pág. LX).

Le debo a la amabilidad y buena memoria de J. A. Rubio Sacristán muchos datos referidos en mis notas a las dedicatorias del libro.

4   *clavel:* el clavel es en la obra de Lorca bien emblema de amor apasionado, bien metáfora de sangre o de herida sangrienta, bien de ambos casos a la vez. En *Saeta,* del *Poema del cante jondo,* Cristo en agonía, cubierto de sangre y llagas, se dice: «clavel de España». El mismo sentido en una réplica del Primo del acto I de *Doña Rosita la soltera:*

Por los diamantes de Dios
y el clavel de su costado...

5   Les clavó sobre las botas
    mordiscos de jabalí.
    En la lucha daba saltos
    jabonados de delfín.
    Bañó con sangre enemiga
10 su corbata carmesí,
    pero eran cuatro puñales
    y tuvo que sucumbir.
    Cuando las estrellas clavan
    rejones al agua gris,

---

y en la oración de *Mariana Pineda* (estampa I):

> ¡Señor, por la llaga de vuestro costado!
> Por las clavelinas de su dulce sangre...

Es en este sentido de herida ensangrentada como hay que interpretar aquí el clavel. Para la «voz» del clavel-sangre, cfr. *Reyerta,* vv. 25-26 y la nota explicativa, en particular los versos de *La sangre derramada.*

13-14   *las estrellas clavan / rejones al agua:* nueva visión metafórica taurina, con que la naturaleza, como en el romance anterior (vv. 17-20), participa a la acción que aquí es una lucha violenta. Existen en la obra de Lorca varios antecedentes de esta visión: *Paisaje (Libro de poemas):*

> Ya es de noche y las estrellas
> clavan puñales al río...

> (vv. 49-50);

Verlaine (Canciones):

> ... la luna picaba
> con un rayo en el agua.

> (vv. 8-9);

Segundo aniversario (Canciones):

> La luna clava en el mar
> un largo cuerno de luz.

> (vv. 1-2);

y en *Mariana Pineda:*

> Noche temida y soñada
> que me hieres ya de lejos
> con larguísimas espadas!

15   cuando los erales sueñan
      verónicas de alhelí,
      voces de muerte sonaron
      cerca del Guadalquivir.

                              *

      Antonio Torres Heredia,
20   Camborio de dura crin,
      moreno de verde luna,
      voz de clavel varonil:
      ¿Quién te ha quitado la vida
      cerca del Guadalquivir?
25   Mis cuatro primos Heredias
      hijos de Benamejí.

---

16   *verónicas de alhelí:* otra imagen taurina. La verónica es un lance con
la capa extendida hacia adelante. Tal vez intervenga aquí igualmente, dentro
de una presentación cristomórfica del héroe, el sentido religioso del paño con
el que Verónica le quitó la sangre y el sudor a Cristo durante su vía crucis.
Como en el romance anterior, el nexo metafórico es aquí también cromático
(cfr. clavel - sangre - carmesí). Ver: *Doña Rosita la soltera,* acto I:

              que me están abriendo heridas
              rojas como el alhelí.

Y en *Yerma:*

              Yo alhelíes rojos
              y él rojo alhelí.

                   (acto II)

20   *crin:* gracias a esta nueva calificación, continúa la metamorfosis zoo-
morfa del héroe, iniciada en los vv. 6-8: «mordiscos de jabalí» y «saltos de
delfín».
21   *moreno de verde luna:* cfr. v. 5 de *Prendimiento de Antoñito...*
26   *Benamejí:* población de la provincia de Córdoba, en la vega del Ge-
nil, que aparece en la canción del gitano de la *Escena del teniente coronel de
la Guardia civil* (del *Poema del cante jondo):*

              Cazorla enseña su torre
              y Benamejí la oculta.

Lo que en otros no envidiaban,
ya lo envidiaban en mí.
Zapatos color corinto,
30 medallones de marfil,
y este cutis amasado
con aceituna y jazmín.
¡Ay Antoñito el Camborio
digno de una Emperatriz!
35 Acuérdate de la Virgen
porque te vas a morir.
¡Ay Federico García!
llama a la Guardia civil.
Ya mi talle se ha quebrado
40 como caña de maíz.

*

Tres golpes de sangre tuvo,
y se murió de perfil.

---

29 *corinto:* color de las pasas de la parra de Corinto, rojo violado.

32 *aceitunas y jazmín:* sugestiones cromáticas (verde-blanco), táctiles (aceite, tez blanda) y olfáticas (afeites y perfumes).

37 *Federico García:* la mención explícita del nombre propio le transforma al poeta en narrador intradiegético, no sólo en este romance, sino del *Romancero gitano* entero. Lorca le daba bastante importancia a este fenómeno literario: «... uno de sus héroes más netos, Antoñito el Camborio, el único de todo el libro que me llama por mi nombre en el momento de su muerte» (Conferencia-recital). El poeta, además de ser testigo ocular de la historia gitano-andaluza, es parte integrante de su universo.

42 *de perfil:* el término es tópico del vocabulario lorquiano de cuerpo presente. Unos ejemplos claros: el soneto *Yo sé que mi perfil será tranquilo (Poemas sueltos); Alma ausente* (correlario de *Cuerpo presente),* del *Llanto por Ignacio Sánchez Mejías,* v. 18: «Yo canto para luego tu perfil...»; el soneto *A Mercedes en su vuelo,* v. 7: «tu perfil es perenne quemadura...»; *Ruina,* de *Poeta en Nueva York,* vv. 28-30:

Prepara tu esqueleto:
hay que buscar de prisa, amor, de prisa,
nuestro perfil sin sueño

Viva moneda que nunca
se volverá a repetir.
45   Un ángel marchoso pone
su cabeza en un cojín.
Otros de rubor cansado,
encendieron un candil.
Y cuando los cuatro primos
50   llegan a Benamejí,
voces de muerte cesaron
cerca del Guadalquivir.

En una versión neoyorquina del poema *Las seis cuerdas* (del *Poema del cante jondo)* se leía:

El perfil de las almas
perdidas...

En *Teoría y juego del duende* se lee, entre otras varias sugestiones válidas para la interpretación del *Romancero gitano,* ésta: «Un muerto en España está más vivo como muerto que en ningún sitio del mundo: hiere su perfil como el filo de una navaja barbera».

«*De perfil*» también figuran los personajes en las monedas (cfr. v. 43).

43   *moneda:* en oxímoron con el verso anterior: «se murió» - «viva moneda»; esta abalanza épica contrasta violentamente con los reproches del romance anterior (v. 29-38).

45-48   Ceremonias de velatorio para un yacente.

13

MUERTO DE AMOR

Dead from Love.
~~Died of love~~

A Margarita Manso *

> 1   ¿Qué es aquello que reluce
>   por los altos corredores?
>   Cierra la puerta, hijo mío,
>   acaban de dar las once.

---

* Margarita Manso, amiga de Lorca de los años 1927-1928 madrileños, pintora de la escuela de Bellas Artes de San Fernando. A partir de la segunda edición (1929) del *Romancero gitano,* la dedicatoria se suprime sin sustituirse por ninguna otra.

1-2   Versos de claro raigambre tradicional, como lo comprueban, por ejemplo, este fragmento de una saeta, citada por E. F. Stanton *(FGL and «cante jondo»):* «¿Qué es aquello que reluce / por cima del sacromonte?», y el romance de Abenámar: «¿Qué castillos son aquéllos? / Altos son y relucían...».

El propio Lorca había escrito ya en su *Palimpsestos III Corredor* (de las *Primeras canciones):*

> Por los altos corredores
> se pasean los señores.

(vv. 1-2)

Como en el *Romance sonámbulo* (las altas barandas de los vv. 48-54) y en *Mariana Pineda* («las altas barandas», escena final), estos altos corredores parecen ser el topos para el encuentro amoroso imposible.

> 5   En mis ojos, sin querer,
>   relumbran cuatro faroles.
>   Será que la gente aquella,
>   estará fregando el cobre.

Assonante

*

> Ajo de agónica plata
> 10   la luna menguante, pone

---

5   *en mis ojos:* como en *La monja gitana,* v. 21, y en *San Gabriel,* vv. 61-62, los ojos ofrecen el reflejo del mundo ausente o soñado.

6   *cuatro faroles:* ¿elementos reales de un velatorio, como en *Sorpresa* (del *Poema del cante jondo)* o en *Historia de este gallo:* «Cuatro cirios... Nadie en su entierro», o metafóricos y mortíferos reflejos metálicos de la luna (cfr. vv. 9-12), como en el *Romance sonámbulo?*

> Temblaban en los tejados
> farolillos de hojalata
>
> (vv. 57-58)

9   *ajo de agónica plata:* descripción metafórica de la luna menguante, basada en múltiples y entreverados nexos: la forma (un diente de ajo), color y reflejo metálico (plata), función de instrumento metálico mortífero (agónico). Comparar con los vv. 13-14 de *Muerte de Antoñito el Camborio,* con la nota y estos versos de *Segundo aniversario:*

> La luna clava en el mar
> un largo cuerno de luz.

Para la luz plateada, verdadero tópico, ver, por ejemplo, *Arlequín* y *La luna asoma,* de *Canciones,* y *La casada infiel,* v. 16.

10   *La luna menguante:* el misterio particular de una noche de luna menguante como ésta viene ilustrado por un precedente del *Libro de poemas: Santiago* (vv. 25-28):

> Es la noche de luna menguante.
> ¡Escuchad! ¿Qué se siente en el cielo,
> que los grillos refuerzan sus cuerdas
> y dan voces los perros vegueros?

Las coincidencias con el romance son múltiples: noche de luna menguante, preguntas sobre el misterio, los perros que ladran... (ver vv. 15-16).

cabelleras amarillas
a las amarillas torres.
La noche llama temblando
al cristal de los balcones
15 perseguida por los mil
perros que no la conocen,
y un olor de vino y ámbar
viene de los corredores.

*

Brisas de caña mojada
20 y rumor de viejas voces,
resonaban por el arco
roto de la media noche.
Bueyes y rosas dormían.
Sólo por los corredores
25 las cuatro luces clamaban
con el furor de San Jorge.

---

12 *las amarillas torres:* presentación comparable a la de *Clamor,* del *Gráfico de la petenera:*

> En las torres
> amarillas...

El color amarillo en Lorca es a menudo emblemático de la muerte (ver también el v. 18 «ámbar»).

19-38 El joven asiste, en agonía, a su propia muerte y entierro.

20-22 *viejas voces:* el anónimo coro universal que acompaña la escena de agonía como en la *Muerte de Antoñito el Camborio* (v. 1-2, 17-18, 51-52).

21-22 *el arco roto:* en Lorca, tanto el momento del crepúsculo (paso de la noche al día o del día a la noche) como el de la media noche (paso de un día a otro día) son fenómenos de ruptura. Para la quebradura de la aurora, ver el *Martirio de Santa Olalla,* vv. 11-17, y *La guitarra (Poema del cante jondo),* vv. 3-4.

El «arco roto» como punto decisivo del tiempo, donde se decide de la vida o de la muerte, se halla en la *Burla de Don Pedro a caballo,* vv. 31-32; en la *Gacela de la terrible presencia,* v. 12: «los arcos rotos, donde sufre el tiempo».

Ver, dentro del mismo campo semántico, el verso 33: «un minuto intransitable», y el anuncio en el v. 4: «acaban de dar las once».

Tristes mujeres del valle
bajaban su sangre de hombre,
tranquila de flor cortada
30   y amarga de muslo joven.
Viejas mujeres del río
lloraban al pie del monte,
un minuto intransitable
de cabelleras y nombres.
35   Fachadas de cal, ponían
cuadrada y blanca la noche.
Serafines y gitanos
tocaban acordeones.
Madre, cuando yo me muera
40   que se enteren los señores.
Pon telegramas azules
que vayan del Sur al Norte.
Siete gritos, siete sangres,
siete adormideras dobles,

---

31   *viejas mujeres:* las clásicas lloronas (v. 31), con los cabellos desata-
dos (v. 34) y gritando el nombre del desdichado, como las Vecinas y las mujeres en la escena final de *Bodas de sangre.*

35-36   presentación casi cubista de un pueblo blanco andaluz. La combinación cromático-temática sangre (rojo) - cal (blanco) recuerda, además, el
poema *Cueva,* del *Poema del cante jondo,* otra escena de velatorio:

> (Lo blanco
> sobre lo rojo.)

39   *cuando yo me muera:* verso de corte muy popular que Lorca empleó
en varias ocasiones: *Memento,* del *Poema del cante jondo,* vv. 1, 4, 7, 10, o en
su teatro: *Bodas de sangre,* acto I, cuadro II.

43   *siete gritos, siete sangres:* la visión primitiva de esta imagen de dolor
extremo es la de la Virgen de los siete dolores. Véase la escena del cuadro V
de *Los títeres de Cachiporra,* que representa una calle andaluza con un portal
con un letrero: «Posada de todos los desengañados del mundo». Sobre la
puerta se ve un gran corazón atravesado por siete espadas. Como en *La guitarra*
(del *Poema del cante jondo),* vv. 26-27, el simbolismo originariamente religioso
permite acomodaciones a nuevas situaciones metafóricas como ésta.

44   *adormideras dobles:* adormidera en su sentido etimológico de «som-
nífero», lo que provoca el sueño, aquí definitivo: el de la muerte. Algunos

45   quebraron opacas lunas
     en los oscuros salones.
     Lleno de manos cortadas
     y coronitas de flores,
     el mar de los juramentos
50   resonaba, no sé dónde.
     Y el cielo daba portazos
     al brusco rumor del bosque,
     mientras clamaban las luces
     en los altos corredores.

---

detalles del texto como «flor cortada» (v. 29), «sangre» (vv. 28, 43), «gritos» (v. 43), «quebrar» (v. 45), las «manos cortadas» (v. 47), etc., invitan a una interpretación de esta muerte de amor como violenta, tal vez por suicidio.

45   *quebraron lunas:* espejos en forma de luna (con evidente connotación maléfica contextual) quebrados por los agudos gritos del moribundo en agonía. Ver el *Retrato de Silverio Franconetti (Poema del cante jondo):*

> Su grito fue terrible.
> ... se erizaban
> los cabellos,
> y se abría el azogue
> de los espejos.

(vv. 9-14)

47   *manos cortadas:* escena de muerte violenta como para el *Martirio de Santa Olalla* (v. 32). Sólo que aquí la sangre derramada va a llenar el mar, camposanto de todos los sufrimientos (cfr. v. 48). Ver también el *Romance de la pena negra* (vv. 17-18) y la *Baladilla de los tres ríos,* del *Poema del cante jondo,* vv. 10, 25-26, 30.

51   *portazos:* por estos metafóricos truenos y por los juramentos del mar tumultuoso (v. 49), el universo participa activamente en esta escena de agonía, como en la *Lamentación de la muerte (Poema del cante jondo):*

> Sobre el cielo negro,
> culebrinas amarillas.

(vv. 1-2, 23-24)

14

(ROMANCE D)EL EMPLAZADO *

*Para Emilio Aladrén ***

1   ¡Mi soledad sin descanso!
    Ojos chicos de mi cuerpo
    y grandes de mi caballo,
    no se cierran por la noche
5   ni miran al otro lado
    donde se aleja tranquilo
    un sueño de trece barcos.

---

* La ausencia de nombre propio históricamente atestiguado y la inclusión de este romance en la primera parte del libro (y no en la sección de los romances históricos) obligan a una lectura no-historizante del personaje del emplazado. A pesar de las posibles reminiscencias históricas legendarias de personajes emplazados (como, por ejemplo, el rey Fernando IV, llamado *El Emplazado,* o el rey francés Felipe IV, *El Hermoso,* conjuntamente emplazado con el papa Clemente V por Santiago de Molay, gran maestre de los templarios), el protagonista aquí es una creación de la mitología gitano-andaluza lorquiana, personaje transhistórico y mítico, el Amargo (ver nota al v. 23).

** Emilio Aladrén (1906-1944), escultor, alumno de la escuela de San Fernando, íntimo amigo de Lorca en Madrid durante los años 1925-1928. Fue autor de un busto de Lorca. Aparece en la correspondencia del poeta y figura en unos fragmentos del *Poeta en Nueva York.*

3-7   *caballo - barcos:* el mundo gitano andaluz en su doble vertiente geográfica (sierra-mar) y simbólica se lee aquí por tercera vez en el *Romancero gitano:* comparar con los vv. 3-4 del *Romance sonámbulo:* «El barco sobre la mar / y el caballo en la montaña», y los vv. 16-17 del *Romance de la pena negra:* «caballo que se desboca, / al fin encuentra la mar».

Sino que limpios y duros
escuderos desvelados,
10 mis ojos miran un norte
de metales y peñascos
donde mi cuerpo sin venas
consulta naipes helados.

*

Los densos bueyes del agua
15 embisten a los muchachos
que se bañan en las lunas
de sus cuernos ondulados.

---

trece barcos: tanto este número como los naipes (v. 13) pertenecen al mundo de la mala suerte y de la adivinación que rigen los días del emplazado.

10-11 *un norte de metales y peñascos:* el punto fijo del único porvenir posible para el emplazado es una perspectiva de duros objetos metálicos mortíferos y de naturaleza agresiva. La misma imagen se repite en los vv. 38-39 como elemento de la funesta predicción.

12 *cuerpo sin venas:* fórmula metonímica para cuerpo exangüe o con sangre cuajada.

13 *naipes helados:* como en *Conjuro (Poema del cante jondo):* «As de bastos. / Tijeras en cruz», y en escena final de *Así que pasen cinco años,* los naipes, con frío de muerte, remiten a la brujería y la mala suerte. Ver también el v. 5 de *Reyerta.*

14-17 Se entienden en parte estos versos de una complicación barroca a través de una imagen popular, apuntada por el propio Lorca, en su conferencia *La imagen poética en Góngora:* «A un cauce profundo que discurre lento por el campo lo llaman un *buey de agua,* para indicar su volumen, su acometividad y su fuerza...».

Para los cuernos-lunas se puede referir a la imagen gongorina: «Media luna las armas de su frente», v. 3 de la *Primera Soledad.* A estos cuatro versos se les puede aplicar estas palabras de Lorca: «... la imagen popular llega a extremos de finura y sensibilidad maravillosas y las transformaciones son completamente gongorinas». La imagen del «cuerno de luz» de la luna *(Segundo aniversario,* v. 2, de *Canciones)* se halla también explícitamente en la *Soledad insegura,* homenaje de Lorca a Góngora, v. 8 («el cuerno adolescente de la luna») y en «la plaza redonda de la luna / que finge cuando niña doliente res inmóvil», de *Cuerpo presente,* del *Llanto por I. Sánchez Mejías.* Dentro del *Romancero gitano* reaparece en la *Burla de Don Pedro a caballo,* vv. 56-57: «Unicornio de ausencia / rompe en cristal su cuerno».

Y los martillos cantaban
sobre los yunques sonámbulos,
20   el insomnio del jinete
y el insomnio del caballo.

*

El veinticinco de junio
le dijeron a el Amargo:
Ya puedes cortar si gustas
25   las adelfas de tu patio.
Pinta una cruz en la puerta
y pon tu nombre debajo,

---

18   *los martillos:* siendo en primer lugar una metafórica evocación de la
madrugada y del rosicler (cfr. *El maleficio de la mariposa,* acto I, escena I:
«Los martillos formidables de la aurora ponen al rojo la plancha del horizonte»), los martillos y los yunques (v. 19), como instrumentos típicos del
mundo gitano, sugieren además el insistente martilleo físico y psicológico
que provoca una noche de insomnio.

23-27   *el Amargo:* aparte dos menciones tempranas en el reparto y en la
versión primitiva de *La zapatera prodigiosa* (ver: FGL, *Epistolario I,* pág.
82, y FGL, *La zapatera prodigiosa,* facsímil de la primera versión autógrafa
inédita, ed. Lina Rodríguez Cacho, Valencia, Pre-Textos, 1986, págs. 12-13,
14-15), la primera mención activa de este misterioso personaje lorquiano es
en el *Diálogo del Amargo,* con su final *Canción de la madre del Amargo* (julio de 1925). Los nexos léxicos, temáticos y simbólicos entre el *Diálogo* y el
Romance del emplazado son numerosos.

He aquí algunos elementos importantes: la insistencia sobre el nombre propio (ver v. 27 y nótese la falta de contracción del artículo en el verso 23: «a el
Amargo»); «las adelfas de tu patio» del v. 25 (*las adelfas:* tradicional emblema de desamor, amargura muerte) y «las adelfas de mi patio» en el v. 3 de
la canción inicial del *Diálogo;* la «cruz» del verso 26 y «la cruz» anafórica-
mente subrayada en la canción de la madre, las «cicutas y ortigas» del v. 28,
que también cierran el *Diálogo,* la noche común a ambos textos, la precisión
fatídica de las fechas señaladas (anuncio en 25 de junio, vv. 22 y 46, muerte
en 25 de agosto, v. 48, y entierro en 27 de agosto en la *Canción de la madre
del Amargo).* Para más detalles se puede consultar el estudio y las notas de mi
edición del *Poema del cante jondo* (Espasa Calpe, Clásicos Castellanos, 2,
1986) y mi artículo «La esquina de la sorpresa: Lorca entre el Poema del cante
jondo y el Romancero gitano», *Revista de Occidente,* 1986, págs. 26-29.

porque cicutas y ortigas
nacerán en tu costado,
30 y agujas de cal mojada
te morderán los zapatos.
Será de noche, en lo oscuro,
por los montes imantados
donde los bueyes del agua
35 beben los juncos soñando.
Pide luces y campanas.
Aprende a cruzar las manos,
y gusta los aires fríos
de metales y peñascos.
40 Porque dentro de dos meses
yacerás amortajado.

*

Espadón de nebulosa
mueve en el aire Santiago.
Grave silencio, de espalda,
45 manaba el cielo combado.

*

30 *cal:* la cal, producto echado sobre los cadáveres, «tiene en España diminutas hierbas de muerte», dijo Lorca en su conferencia *Teoría y juego del
duende.* Las adelfas del v. 25 con la cal se hallan reunidas en el v. 14 del *Paso
de la siguiriya gitana* (PCJ): «tu dolor de cal y adelfa».

33 *imantados:* porque son «el norte» (v. 10) de los ojos del emplazado.

37 *cruzar las manos:* la misma actitud del muerto en *Mariana Pineda*
(estampa III, escena VII): «Mariana se sienta en el banco, con las manos cru-
zadas... en una divina actitud de tránsito». Ver también el Niño muerto del
acto I de *Así que pasen cinco años.*

42-43 Amenazante sugestión del día veinticinco de julio, fiesta del apóstol Santiago, a medio camino entre el día del anuncio del plazo y el día de su
cumplimiento. En *Libro de poemas* se lee un poema llamado *Santiago,* fechado precisamente en un día 25 de julio (de 1918), en el cual se pueden encontrar elementos temáticos del romance.

El veinticinco de junio
abrió sus ojos Amargo,
y el veinticinco de agosto
se tendió para cerrarlos.
50 Hombres bajaban la calle
para ver al emplazado,
que fijaba sobre el muro
su soledad con descanso.
Y la sábana impecable,
55 de duro acento romano,
daba equilibrio a la muerte
con las rectas de sus paños.

---

54 *la sábana impecable:* el paño mortuorio se repite en la obra lorquiana
en varias situaciones análogas, por ejemplo en la *Casida de la mano imposible (Diván del Tamarit):* «la sábana blanca de mi agonía», o en el *Llanto por
Ignacio Sánchez Mejías,* en el v. 3 de *La cogida y la Muerte:* «un niño trajo
la blanca sábana...».

55 *romano:* gracias a este calificativo, el romance entra de lleno en la línea interpretativa propia del *Poema de la soleá,* actitud estoica (senequista y
cordobesa) frente a la muerte inevitable. Ver el análisis de la sección de la
soleá en mi edición del *Poema del cante jondo.*

15

ROMANCE DE LA GUARDIA CIVIL ESPAÑOLA

A Juan Guerrero. Cónsul general de la poesía *

1   Los caballos negros son.
    Las herraduras son negras.
    Sobre las capas relucen
    manchas de tinta y de cera.

---

* Juan Guerrero (1893-1955), corresponsal y amigo murciano de Lorca, fundador (con J. Guillén) y editor de la revista *Verso y Prosa,* en la que el poeta publicó varios textos entre los que figura el romance inicial del libro, *Romance de la luna, luna.* En la segunda de las tres cartas conservadas de Lorca a Guerrero, todas de la época de la redacción y publicación del *Romancero gitano (Epistolario II,* págs. 57, 97, 124), se lee: «¡Querido Juan Guerrero! Mil gracias por tu telegrama. Tú siempre el mejor, cónsul general de la poesía» (pág. 57). Ver igualmente FGL, *Dibujos* (catál. M. Hernández), Madrid, Ministerio de Cultura, 1986, núm. 232.

4   *manchas de tinta y de cera:* sugerencias despectivas de burocracia y de iglesia. Para las manchas de tinta se puede referir, por ejemplo, a *Encrucijada,* del *Libro de poemas:*

> ¡Oh, qué dolor el tener
> ... el cerebro
> todo manchado de tinta!

o a este texto en prosa de *El convento (Impresiones y Paisajes):* «La celda es blanca y sombría, con un crucifijo modernista y una mesa de palo llena de manchas de tinta». La tinta con connotación mortífera en *Vuelta de paseo (Poeta en Nueva York):* «... mariposa ahogada en el tintero». El primer y el último verso de este poema es: «Asesinado por el cielo».

 5 Tienen, por eso no lloran,
   de plomo las calaveras.
   Con el alma de charol
   vienen por la carretera.
   Jorobados y nocturnos,
10 por donde animan ordenan
   silencios de goma oscura
   y miedos de fina arena.
   Pasan, si quieren pasar,
   y ocultan en la cabeza
15 una vaga astronomía
   de pistolas inconcretas.

*

   ¡Oh ciudad de los gitanos!
   En las esquinas banderas.

La cera, por su color blanquecino, también conlleva una sugerencia mortal en Lorca: *La luna y la muerte (Libro de poemas):*

> Doña Muerte...
> Va vendiendo colores
> de cera y de tormenta...

La nota religiosa despectiva también se halla en otros textos lorquianos, por ejemplo en *Sonidos (Impresiones y Paisajes):* «... esta campana que llama a rezar quejumbrosamente, la tañe algún viejo sacristán lleno de manchas de cera...», o en *Yerma* (acto II, cuadro I), cuando la lavandera define así a las dos cuñadas: «Estaban encargadas de cuidar la iglesia y ahora cuidan de su cuñada... Están untadas con cera... Se me figura que guisan su comida con el aceite de las lámparas».

10 *animan:* juego paronomástico con «alma de charol» (v. 7).

11 *silencios de goma:* silencio obtenido por el garrote o bastón de goma, como en *La casa de Bernarda Alba.*

12 *arena:* imagen por antonomasia de esterilidad y muerte, como por ejemplo, constantemente en *Yerma* (la seca):

> ¡Ay de la casada seca!
> ¡Ay de la que tiene los pechos de arena!

18 *banderas:* señal de fiesta y alegría (ver los vv. 37-54, y sobre todo el verso 51 y el verso 66: «la ciudad de la fiesta»).

La luna y la cabalaza
20   con las guindas en conserva.
¡Oh ciudad de los gitanos!
¿Quién te vio y no te recuerda?
Ciudad de dolor y almizcle
con las torres de canela.

*

25   Cuando llegaba la noche
noche que noche nochera,
los gitanos en sus fraguas
forjaban soles y flechas.
Un caballo malherido,
30   llamaba a todas las puertas.
Gallos de vidrio cantaban

---

24   *torres de canela:* con elementos de la realidad cotidiana (calabaza, guindas, almizcle, canela...) se construye la ciudad imaginaria de los gitanos. Para la torre de canela se puede comparar con la interrogación del gitano en la *Escena del teniente coronel de la Guardia civil:*

> TEN. CORONEL: ¿Y qué hacías allí?
> GITANO: Una torre de canela.

Orden (v. 10) versus imaginación (v. 104).

26   *noche que noche nochera:* transformación paronomástica con intención festiva, comparable a «luna lunera» de la *Balada triste (Libro de poemas)* (v. 39), y de *Recuerdo* (de la suite *Noche*). *Nochero (-a)* existe con el sentido de guardia de noche, sereno.

29   *un caballo malherido:* en Lorca, como en infinidad de leyendas y cuentos tradicionales, el caballo (o el jinete) anuncia la inminencia de la muerte, la acompaña o es la muerte misma. En Lorca se debe referir, por ejemplo, al *Diálogo del Amargo* (del *Poema del cante jondo),* a las dos *Canciones* de jinete, y dentro del *Romancero gitano* al jinete de los vv. 21-22 del *Romance de la luna, luna,* al caballo de la *Burla de Don Pedro a caballo,* y a los vv. 1-2 del *Martirio de Santa Olalla.* R. Martínez Nadal estudió el simbolismo del caballo en Lorca a partir de *El Público (Lorca's The Public,* Londres, Calder-Boyars, 1974, págs. 185-217).

31   *gallos de vidrio:* como el caballo, los gallos quieren despertar y avisar contra la inminencia de la amenaza.

por Jerez de la Frontera.
El viento, vuelve desnudo
la esquina de la sorpresa,
35   en la noche platinoche
noche, que noche nochera.

*

La Virgen y San José
perdieron sus castañuelas,
y buscan a los gitanos
40   para ver si las encuentran.
La virgen viene vestida
con un traje de alcaldesa
de papel de chocolate
con los collares de almendras.

---

32   *Jerez de la Frontera:* L. Beltrán Fernández de los Ríos, en su estudio
La arquitectura del humo (págs. 189-193), alega unas posibles razones para
la elección por Lorca de Jerez de la Frontera como escena de la destrucción
del mítico universo gitano.

33   *el viento desnudo:* como en *Preciosa y el aire,* v. 21.

35   *platinoche:* nuevo juego léxico, en base de construcciones como
oriflama, orifico, platinífero, etc. Para la luna de plata, ver *Muerto de amor,*
vv. 9-10.

37   *La Virgen y San José:* personajes centrales del retablo de una tradicio-
nal fiesta gitana navideña (cfr. v. 93 «Belén»): la Virgen María, San José, los
Reyes Magos y otros completamente locales o populares (Pedro Domecq).
El Belén de la fiesta colectiva será el Gólgota colectivo del mundo gitano.

44   *almendra:* emblema negativo de amargura. Ver *San Gabriel,* v. 65, y
el *Diálogo del Amargo:*

Corazón de almendra amarga.
Amargo.

También en *La zapatera prodigiosa* (acto I): «Zapaterilla blanca, como el
corazón de las almendras, pero amargosilla también». Y en *Bodas de sangre,*
acto II, cuadro II:

... que... se llenen de miel
las almendras amargas.

45 San José mueve los brazos
bajo una capa de seda.
Detrás va Pedro Domecq
con tres sultanes de Persia.
La media luna, soñaba
50 un éxtasis de cigüeña.
Estandartes y faroles
invaden las azoteas.
Por los espejos sollozan
bailarinas sin caderas.

47-48 *Pedro Domecq:* la anécdota realista que permite la mezcla característica del elemento vulgar cotidiano (el productor de los vinos jerezanos) con el mítico transhistórico (los Reyes Magos, representantes del mundo entero).

50 *éxtasis de cigüeña:* la actitud rígida y meditativa de la cigüeña en lo alto de las torres le había inspirado ya a Lorca varias metáforas análogas. En *Candil (Poema del cante jondo),* la llama se describe así:

> Cigüeña incandescente
> pica desde su nido
> a las sombras...

(vv. 7-10)

O estos versos del joven Lorca:

> Cigüeñas...
> ¡Oh pájaros derviches...!

En *Iglesia abandonada (Poeta en Nueva York):*

> Yo vi la transparente cigüeña de alcohol
> morder las negras cabezas de los soldados agonizantes...

En *Impresiones y Paisajes* aparecen varias cigüeñas estáticas, como en *San Pedro de Cardeña:* «Las cigüeñas están paradas, tan rígidas que parecen adornos sobre los pináculos...».

53-54 Escena de *viñeta flamenca,* como en *Café cantante* (del *Poema del cante jondo):*

> ... en los espejos verdes
> largas colas de seda
> se mueven.

Contiene la escena una clara connotación de dolor (v. 23): «sollozar». La Parrala, cantaora de *Café cantante,* «sostiene una conversación con la muerte», mientras las gentes aspiran «los sollozos».

55   Agua y sombra, sombra y agua
     por Jerez de la Frontera.

                    *

     ¡Oh ciudad de los gitanos!
     En las esquinas banderas.
     Apaga tus verdes luces
60   que viene la benemérita.
     ¡Oh ciudad de los gitanos!
     ¿Quién te vio y no te recuerda?
     Dejadla lejos del mar
     sin peines para sus crenchas.

                    *

65   Avanzan de dos en fondo
     a la ciudad de la fiesta.
     Un rumor de siemprevivas,
     invade las cartucheras.
     Avanzan de dos en fondo.

---

55 *agua y sombra:* dos sugestiones del sufrimiento anunciado. El sentido negativo del agua se comprueba por el texto de una versión tachada cuyo manuscrito se conserva en la Fundación FGL:

> El agua llora un prefacio
> de pájaros sin cabeza.

El verbo *llorar* se conecta con el verbo «sollozar» del v. 53, *prefacio* subraya el carácter de presagio y los *pájaros sin cabeza* son el resultado final de la masacre que se prepara.

60 *la benemérita:* el Cuerpo Benemérito de la Guardia Civil.

63-64 *dejadla lejos del mar:* en el contexto del *Romancero gitano* (cfr. las notas a los vv. 3-4 de *Romance sonámbulo,* vv. 16-17 del *Romance de la pena negra,* y vv. 3-7 del romance de *El emplazado),* dejarla en su sitio propio, sin moverla (ver v. 54), fuera del mar, símbolo de la muerte. Ver también la versión manuscrita que se conserva en la Fundación FGL: «fuera del mar». Así también se entiende mejor el verso 55.

67 *siemprevivas:* con valor paradójico de muerte; ver el v. 7 de *San Gabriel* y la nota explicativa al v. 38. El lenguaje de la siempreviva es: «la siempreviva te mata» *(Doña Rosita la soltera).*

70 Doble nocturno de tela.
El cielo, se les antoja,
una vitrina de espuelas.

*

La ciudad libre de miedo,
multiplicaba sus puertas.
75 Cuarenta guardias civiles
entran a saco por ellas.
Los relojes se pararon,
y el coñac de las botellas
se disfrazó de noviembre
80 para no infundir sospechas.
Un vuelo de gritos largos
se levantó en las veletas.

---

72 *una vitrina de espuelas:* la astronomía ocultada en la cabeza (vv. 14-16) se alimenta en el reflejo imaginario de la luz de las estrellas. Ver *Canción de jinete (1860):*

> La noche espolea
> sus negros ijares
> clavándose estrellas.

> (vv. 16-18)

Las espuelas celestes tienen un eco en las espuelas de los jinetes.

79 *de noviembre:* el ambiente propio del otoño lorquiano: colores sombríos y nieblas. Ver, por ejemplo, los poemas *Noviembre* y *Tarde,* del *Libro de poemas.* Hasta el mundo inanimado se da cuenta del peligro y se para (v. 77) o se esconde disimulándose.

81 *un vuelo de largos gritos:* la presentación zoomórfica (pájaro de larga cola) del grito de dolor proviene directamente del *Poema de la siguiriya gitana: Paisaje:*

> Los olivos
> están cargados
> de gritos.
> Una bandada
> de pájaros cautivos
> que mueven sus larguísimas
> colas en lo sombrío.

Ver *El grito.* También en *Bodas de sangre,* las palabras de la muerte-Mendiga: «... el desgarrado vuelo de los gritos. / Aquí ha de ser y pronto».

Los sables cortan las brisas
que los cascos atropellan.
85 Por las calles de penumbra,
huyen las gitanas viejas
con los caballos dormidos
y las orzas de moneda.
Por las calles empinadas
90 suben las capas siniestras,
dejando atrás fugaces
remolinos de tijeras.

En el portal de Belén,
los gitanos se congregan.
95 San José, lleno de heridas,
amortaja a una doncella.
Tercos fusiles agudos
por toda la noche suenan.
La Virgen cura a los niños
100 con salivilla de estrella.
Pero la Guardia Civil
avanza sembrando hogueras,
donde joven y desnuda
la imaginación se quema.
105 Rosa la de los Camborios,
gime sentada en su puerta

---

92   *tijeras:* figuración metafórica para los incesantes movimientos de los
sables que cortan (v. 83) en el aire («remolinos»). El instrumento hiriente
tiene, además, una connotación de mal agüero: ver *Conjuro* (del *Poema del
cante jondo*).

100   *con salivilla de estrella:* comparar con el rocío «agua de las alondras» en el v. 36 del *Romance de la pena negra*. La fuente culta de esta imagen tal vez sea el siguiente verso de L. de Góngora: «de las mudas estrellas
la saliva» de la segunda *Soledad,* v. 297. Ver también FGL, *Conferencias I*
(ed. Chr. Maurer), Madrid, Alianza, pág. 107.

104   *la imaginación:* personificación y martirio de la libertad, perseguida
y exterminada por las fuerzas opuestas del orden.

con sus dos pechos cortados
puestos en una bandeja.
Y otras muchachas corrían
110 perseguidas por sus trenzas,
en un aire donde estallan
rosas de pólvora negra.
Cuando todos los tejados
eran surcos en la tierra,
115 el alba meció sus hombros
en largo perfil de piedra.

*

¡Oh ciudad de los gitanos!
La Guardia Civil se aleja
por un túnel de silencio
120 mientras las llamas te cercan.

¡Oh ciudad de los gitanos!
¿Quién te vio y no te recuerda?
Que te busquen en mi frente.
Juego de luna y arena.

---

107 *sus dos pechos cortados:* las coincidencias con el *Martirio de Santa Olalla* (vv. 26, 36, 59) son múltiples: mismas torturas, mismo aparato represivo. Rosa de los Camborios es una santa mártir del pueblo gitano destruido.

114 *surcos:* esta imagen agraria de siembra permita tal vez avanzar una débil perspectiva hacia el futuro.

115 Actitud de desaprobación y de incomprensibilidad.

123 La pervivencia del universo gitano, mental (en el recuerdo del poeta) y literaria (el *Romancero gitano*).

124 *luna y arena:* dos símbolos negativos de muerte y esterilidad concluyen esta parte del libro.

TRES ROMANCES HISTÓRICOS

16

MARTIRIO DE SANTA OLALLA *

A Rafael Martínez Nadal **

I

PANORAMA DE MÉRIDA

1   Por la calle brinca y corre
    caballo de larga cola,

---

  *   En manuscritos anteriores también con el título: *Martirio de Santa Olalla gitana de Mérida.* La fuente remota de parte de este romance «histórico» es, sin duda, literaria. En el *Peristephanon (Libro de las coronas)* de Prudencio, obra poética en honor de varios santos mártires, se halla el *Hymnus in honorem passionis Eulaliae beatissimae martyris* (215 versos). La *Antología escolar de literatura castellana,* del padre Arturo M. Cayuela (tomo I, Madrid, Razón y Fe, publicada en 1924), ofrece una traducción de este himno. Podría ser la fuente del martirio lorquiano. Gran parte del romance, sin embargo, no tiene parecido con la pasión latina primitiva y obliga a pensar en la existencia de otra fuente, de tradición probablemente más popular.

  El romance lorquiano tiene tres subtítulos para sendos cuadros del tríptico.

  **   Rafael Martínez Nadal (1904), amigo de Lorca en Madrid desde 1923 hasta 1936. Posee gran número de autógrafos lorquianos. Editor de éstos y de otros muchos textos de Lorca. Profesor emérito de literatura en Londres, es autor de varios ensayos críticos.

  2   *caballo de larga cola:* caballo que anuncia o acompaña a la muerte, como en el *Romance de la Guardia civil española,* v. 29; ver la nota explicativa. La calificación «de larga cola» tal vez pueda referirse a la identificación metafórica lorquiana entre caballo y luna. *La sangre derramada:*

      La luna de par en par.
      Caballo de nubes quietas...

                (vv. 6-7);

mientras juegan o dormitan
viejos soldados de Roma.
5 Medio monte de Minervas
abre sus brazos sin hojas.
Agua en vilo redoraba
las aristas de las rocas.
Noche de torsos yacentes
10 y estrellas de nariz rota,
aguarda grietas del alba
para derrumbarse toda.
De cuando en cuando sonaban
blasfemias de cresta roja.

---

o en *Ruina,* de *Poeta en Nueva York:*

> Pronto se vio que la luna
> era una calavera de caballo...

(vv. 4-5);

y la *Gacela de la terrible presencia:*

> ... que brillen los dientes de la calavera
> y los amarillos inunden la seda

(vv. 7-8)

Caballo y luna coinciden en su funesta función.

4   *viejos soldados de Roma:* Mérida, la llamada Emérita romana, patria de Santa Olalla y lugar de su martirio, según Prudencio, era una ciudad de militares veteranos, eméritos.

5   *Minerva:* hay, a lo largo del romance, numerosos toques arqueológicos de color local (Minerva, medio monte = anfiteatro, torso, nariz rota, el cónsul, centuriones...).

7   *agua:* alusión a la lluvia. Ver la versión manuscrita suprimida de la Fundación García Lorca.

11-12   *grietas del alba-derrumbarse:* léxico propio de la variante metafórica para la quiebra cósmica que constituye la llegada del alba. Desde las primeras obras de Lorca aparece el fenómeno: «Mirad cómo quiebra el primer albor» *(El maleficio de la mariposa,* acto I, escena I).

Aquí el contexto de ruina del mundo romano (torsos yacentes, la nariz rota...), le da una resonancia particular al derrumbamiento de la noche como fenómeno astral: prefigura el derrumbamiento del imperio romano frente al nacimiento de la era cristiana. En Prudencio también se dice que la santa mártir merecía salir de la noche para ver el triunfo del nuevo día. Para la metáfora de ruptura del día, ver *Barrio de Córdoba* (del *Poema del cante jondo),* v. 3: «La noche se derrumba» y la imagen del «arco roto» en *Muerto de amor,* vv. 21-22.

14   *blasfemias de cresta roja:* el canto de los gallos, anunciando el rosicler («cresta roja») del día, también se contextualiza: toma carácter de impiedad.

15   Al gemir la santa niña,
     quiebra el cristal de las copas.
     La rueda afila cuchillos
     y garfios de aguada comba:
     Brama el toro de los yunques,
20   y Mérida se corona
     de nardos casi despiertos
     y tallos de zarzamora.

---

15   *la santa niña:* según Prudencio, la santa tenía doce años.

16   *quiebra el cristal de las copas:* nueva visión metafórica del rosicler,
que tiene un precedente en el *Poema del cante jondo: La guitarra:*

> Se rompen las copas
> de la madrugada

(vv. 3-4)

El color rojo del nuevo día se va difundiendo por el cielo como el vino, al
romperse las copas, se derrama por el mantel. A diferencia de *La guitarra,* en
el romance es la misma protagonista quien provoca el fenómeno. El color
rojo prefigura, además, la sangre del martirio deseado.

17-18   Otra prefiguración del martirio a través de los instrumentos hirientes: cuchillos y garfios. Aunque la rueda es primariamente una mención de la
piedra afiladera, ofrece tal vez una referencia metafórica a la luna (v. 2),
como en la *Soledad insegura* contemporánea: «Rueda helada la luna...», en
Recuerdo (de la suite *Noche):* «Doña Luna no ha salido. / Está jugando a la
rueda...», o en la *Oda a Walt Whitman* (de *Poeta en Nueva York):* «la rueda
amarilla del tamboril» (v. 19). En la canción de la luna en *Bodas de sangre*
(acto III, cuadro I) se dice:

> La luna deja un cuchillo
> abandonado en el aire...

19   *el toro de los yunques:* como en el *Romance del emplazado,* vv. 18-19,
los martillos que cantan sobre los yunques, visión metafórica de los rayos so-
lares, visión bien adaptada al contexto gitano.

20   *Mérida se corona:* visión análoga a la de los vv. 41-42 del *Romance
de la pena negra:* «Con flores de calabaza, / la nueva luz se corona».

21   *nardos:* conllevan a menudo en Lorca, con su color blanco (el día) y
su olor penetrante, una connotación dolorosa: *Soledad insegura,* v. 12: «con
un dolor sin límite, de nardos»; *Oda al Rey de Harlem (Poeta en Nueva York):*
«muertes enharinadas y ceniza de nardo».

22   *zarzamora:* planta de neto signo negativo (sufrimiento de amor): *Zarzamora con el tronco gris (Canciones),* v. 3: «sangre y espinas».

II

EL MARTIRIO

Flora desnuda se sube
por escalerillas de agua.
25 El Cónsul pide bandeja
para los senos de Olalla.
Un chorro de venas verdes
le brota de la garganta.
Su sexo tiembla enredado
30 como un pájaro en las zarzas.
Por el suelo, ya sin norma,
brincan sus manos cortadas
que aún pueden cruzarse en tenue
oración decapitada.
35 Por los rojos agujeros
donde sus pechos estaban
se ven cielos diminutos
y arroyos de leche blanca.
Mil arbolillos de sangre
40 le cubren toda la espalda

---

26 *los senos de Olalla:* este elemento del martirio es idéntico al de Rosa de los Camborios del romance anterior, vv. 105-108. Por otra parte, no hace ninguna falta referirse aquí a la pasión de Santa Ágata (como suelen hacer ciertos críticos), para explicar este aspecto de la tortura de Santa Olalla. Figura claramente en el himno de Prudencio, vv. 131-132:

> Nec mora, carnifices gemini
> iuncea pectora dilacerant...

32 *manos cortadas:* cfr. v. 47 de *Muerto de amor.*
39 Metáfora fitomorfa (como ramas de árbol) para la espalda cubierta de sangre; se halla también en *Bodas de sangre,* aunque menos elaborada (acto III, cuadro I):

> ... las ramas azules
> y el murmullo de las venas.

Hay que notar que entre las indicaciones escénicas del acto III se lee: «Grandes troncos húmedos».

y oponen húmedos troncos
al bisturí de las llamas.
Centuriones amarillos
de carne gris, desvelada,
45   llegan al cielo sonando
sus armaduras de plata.

Y mientras vibra confusa
pasión de crines y espadas,
el Cónsul porta en bandeja
50   senos ahumados de Olalla.

III

INFIERNO Y GLORIA

Nieve ondulada reposa.
Olalla pende del árbol.
Su desnudo de carbón
tizna los aires helados.
55   Noche tirante reluce.
Olalla muerta en el árbol.
Tinteros de las ciudades
vuelcan la tinta despacio.

43-46   Visión de procesión andaluza. Algo parecido en *Ruina romana* (de
El Público): «un centurión de túnica amarilla y carne gris».

51   *nieve:* el fenómeno de la súbita nevada (tradicionalmente la fiesta de
Santa Olalla es en 10 de diciembre) figura en Prudencio:

> Ecce nivem glacialis hiems
> ingerit et tegit omne forum.

Sobre este color blanco el poeta monta todo un cuadro en blanco y negro
(nieve, custodia, gloria celeste versus carbón, tizna, tinta, negros maniquís,
noche terrestre, quemado, infierno), cuya apoteosis final es exclusivamente
blanca (v. 72).

52   *pende del árbol:* detalle que no figura en Prudencio y por el cual el
poeta hace una interpretación cristomorfa de la santa mártir.

    Negros maniquís de sastre
60 cubren la nieve del campo
    en largas filas que gimen
    su silencio mutilado.
    Nieve partida comienza.
    Olalla blanca en el árbol.
65 Escuadras de níquel juntan
    los picos en su costado.

                    *

    Una custodia reluce
    sobre los cielos quemados,
    entre gargantas de arroyo
70 y ruiseñores en ramos.
    ¡Saltan vidrios de colores!
    Olalla blanca en lo blanco.
    Ángeles y serafines
    dicen: Santo, Santo, Santo.

---

59 *maniquís:* versión restablecida según los romances editados y trans-
critos por R. Martínez Nadal. La versión maniquíes del *Primer romancero
gitano* es métricamente imposible. Esta muchedumbre dantesca y nocturna
de misteriosos y goyescos personajes deshumanizados, de luto, representa la
humanidad condenada al fuego eterno del infierno.

64 *Olalla blanca:* la transfiguración del cuerpo en contraste con los
vv. 52-53 y con el resto de la escena.

65 *escuadras de níquel:* metafórica evocación de los copos abundantes
de nieve (níquel: metal frío y blanco). Tal vez también otra referencia cristológica, inspirada en las llagas del costado de Cristo (cfr. v. 52).

69-70 Los coros celestiales.

17

BURLA DE DON PEDRO A CABALLO
(ROMANCE CON LAGUNAS) *

A Jean Cassou **

1   Por una vereda
     venía Don Pedro.
     ¡Ay cómo lloraba
     el caballero!

---

  * El título original y el de la primera publicación en *Mediodía* (Sevilla, 1927) fue el actual subtítulo *Romance con lagunas.* Al lado de su sentido primero de extensión de agua (ver las tres lagunas de agua que entrecortan la narración), *laguna* parece tener otro sentido figurado de vacío, ausencia (ver el v. 43 «lo que falta», v. 56 «ausencia», v. 66 «perdidas», v. 68 «olvidado»...). Según la documentación hoy disponible, el título de *Burla de Don Pedro a caballo* sólo aparece para la edición definitiva del libro, después de haber sido en cierto momento *Don Pedro enamorado.* Este título desechado puede, sin embargo, orientar la interpretación del romance.

  Burla remite primero al género literario de este romancillo *sui generis:* una farsa burlesca de un tema frecuente en el romancero tradicional, parodia y escarnio de un personaje «histórico», aparentemente noble («Don») y caballero enamorado. Como antecedentes históricos y literarios se ha propuesto a Don Bueso (Boiso), héroe más o menos burlesco del romancero popular, pero también a Don Pedro el Cruel, a Don Pedro de Rojas y hasta al apóstol San Pedro. Lorca harmonizó el romance de Don Boiso (ver el apéndice musical de las *Obras completas,* Madrid, Aguilar, con la música de las canciones recogidas y harmonizadas por Lorca). Dentro de la tradición romancista existe una vena burlesca de parodias. Se puede leer, por

5   Montado en un ágil
caballo sin freno,
venía en la busca
del pan y del beso.
Todas las ventanas
10 preguntan al viento,
por el llanto oscuro
del caballero.

PRIMERA LAGUNA

Bajo el agua
siguen las palabras.
15 Sobre el agua
una luna redonda
se baña,

---

ejemplo, en *Romancero español* (ed. L. Santullano), Madrid, Aguilar, 1968, pág. 795, la parodia de un romance morisco por Luis de Góngora, o en la pág. 798 el *Romance burlesco de Zaide*. Es probable que el título definitivo de *Burla* contenga además una alusión burlona al romance apócrifo de *Don Luis a caballo,* publicado con la falsa autoría de F. García Lorca, en *La Gaceta Literaria* del 1 de junio de 1927. Para más datos sobre esta broma que le gastaron unos amigos al poeta, ver: Gerardo Diego, *Crónica del centenario de Góngora (1627-1927),* en *Lola,* núms. 2, enero de 1928, pág. 2.

** Jean Cassou (1897), conocido hispanista francés, poeta, crítico literario, historiador de arte, director de museo. Fue el primer traductor de poemas de Lorca en francés: *Petenera,* en *Intentions,* París, III, 1924, núms. 23-24, págs. 31-34. Escribió un comentario muy elogioso a la *Oda a Salvador Dalí* en *Le Mercure de France* del 1 de julio de 1926, pág. 235, que le había gustado mucho a Lorca. El poeta se refiere a este texto en una carta a J. Guillén, de julio de 1926 *(Epistolario I,* pág. 155): «¿Has visto el comentario de Cassou en el *Mercure* sobre la oda?».

La dedicatoria primitiva fue para A. García Valdecasas, a quien Lorca dedicó finalmente el último romance de su libro: *Thamar y Amnón.*

8 *pan y beso:* elementos típicos de la vida doméstica y amorosa que confirman la idea de un personaje enamorado en busca de un amor perdido o imposible.

16-17 *una luna redonda se baña:* el delicado juego de espejos entre la luna del cielo y su reflejo en el agua es frecuente en las *suites* y las *canciones*

dando envidia a la otra
¡tan alta!
20 En la orilla,
un niño,
ve las lunas y dice:
¡Noche; toca los platillos!

SIGUE

A una ciudad lejana
25 ha llegado Don Pedro.
Una ciudad lejana
entre un bosque de cedros.
¿Es Belén? Por el aire
yerbaluisa y romero.

----

lorquianas. Por ejemplo, en este primero de los cuatro *Nocturnos de la ventana:*

> Luna sobre el agua.
> Luna bajo el viento...
> Las voces de dos niñas
> venían. Sin esfuerzo,
> de la luna del agua,
> me fui a la del cielo.

Hay ecos hasta en el *Diván del Tamarit, Casida de la muchacha dorada:*

> La muchacha dorada
> se bañaba en el agua
> y el agua se doraba.

23 *toca los platillos:* la visión jocosa de la doble luna como las dos piezas en forma de disco amarillo del instrumento musical, es un típico ejemplo del estilo burlesco del romance.

26 *una ciudad lejana:* se mantiene la versión de la edición príncipe, a pesar de la argumentación dada por J. Romero Murube en *Una variante en el Romancero gitano (Ínsula,* Madrid, 94, octubre. 1953, pág. 5). Comparando las versiones existentes de los versos 24, 26 y 58, se ve cómo el poeta adoptó y uniformizó la lectura de «ciudad lejana» en los tres casos, dejando las variantes «sin torres» y «de oro», de tono más fantástico.

28 *Belén:* a pesar de la indefinición geográfica (Oriente: «cedros», Tierra Santa: «Belén», monte: «yerbaluisa y romero», río o laguna: «chopos»...),

30   Brillan las azoteas
     y las nubes. Don Pedro
     pasa por arcos rotos.
     Dos mujeres y un viejo
     con velones de plata
35   le salen al encuentro.
     Los chopos dicen: No.
     Y el ruiseñor: Veremos.

           SEGUNDA LAGUNA

     Bajo el agua
     siguen las palabras.
40   Sobre el peinado del agua
     un círculo de pájaros y llamas.

-----

la mención de Belén como eventual destino final gracioso de Don Pedro, nos
remite al Belén del *Romance de la Guardia civil española,* v. 93, lugar de la
destrucción del mundo gitano.

32   *arcos rotos:* la ciudad fantasmagórica parece ruinosa.

34   *velones de plata:* los personajes misteriosos llevan objetos funerarios
de velatorio. Cfr. *Lamentación de la muerte,* del *Poema del cante jondo.* En
un ambiente de ruinas se precisa así poco a poco el objeto o el motivo de la
búsqueda de Don Pedro: se debe tratar de una difunta. Más adelante, vv. 46-49,
se precisará algo más todavía la función de los tres personajes. El romance
lorquiano tiene parecidos temáticos y métricos con algunos romances «de la
muerte ocultada».

36-37   *chopos - ruiseñor:* dos actitudes diferentes frente a la funesta situación. Los chopos son, en las primeras obras líricas de Lorca, filosóficos
contempladores de la realidad. Se puede ver en el *Libro de poemas: Veleta,
Espigas, In memoriam* y *Chopo muerto.*

Frente al chopo terrestre, realista, el ruiseñor, lírico, indeciso frente a la
realidad de la muerte.

40-41   Así como la primera laguna era espejo nocturno, la segunda lo es
diurno. Para otra visión del agua como espejo de los árboles ver *Tarde* de
Canciones:

> En el río,
> un árbol seco,
> ha florecido en círculos
> concéntricos.

Y por los cañaverales,
testigos que conocen lo que falta.
Sueño concreto y sin norte
45   de madera de guitarra.

SIGUE

Por el camino llano
dos mujeres y un viejo
con velones de plata
van al cementerio.
50   Entre los azafranes
han encontrado muerto
el sombrío caballo
de Don Pedro.
Voz secreta de tarde
55   balaba por el cielo.

---

43   *conocen lo que falta:* la naturaleza sabe, conoce la historia completa (ver «las palabras» en los vv. 14, 39 y 65 y la versión de los manuscritos apógrafos entregados por FGL a Enrique Díez Caredo: «vocales y consonantes») que tanto el lector como el protagonista desconocen por incompleta.

44-45   *sueño de madera de guitarra:* el tema de los sueños guardados en la caja de la guitarra es frecuente en los poemas del libro *Poema del cante jondo,* contemporáneos del romance con lagunas (ver *Las seis cuerdas, La guitarra* y *Adivinanza de la guitarra).*

50   *azafranes:* de color amarillo, emblemático de la muerte. Ver: *Martirio de Santa Olalla,* v. 43, *Muerto de amor,* vv. 11-12.

54   *voz secreta:* esta misteriosa participación vocal de la naturaleza en los momentos clave de la existencia tiene varios ecos en Lorca, por ejemplo, en *Ruina,* de *Poeta en Nueva York:*

> Yo vi llegar las hierbas
> y les eché un cordero que balaba...

o en *La sangre derramada:*

> Y a través de las ganaderías
> hubo un aire de voces secretas
> que gritaban a toros celestes...

Unicornio de ausencia
rompe en cristal su cuerno.
La gran ciudad lejana
está ardiendo
60   y un hombre va llorando
tierras adentro.
Al Norte hay una estrella.
Al Sur un marinero.

---

56   *unicornio de ausencia:* evocación metafórica de la luna.
Ver *Segundo aniversario,* de *Canciones:*

> La luna clava en el mar
> un largo cuerno de luz.
> Unicornio gris y verde...

Dentro del *Romancero gitano,* ver el romance de *El emplazado,* vv. 14-17 y
la nota explicativa.

62-63   *Norte-Sur:* la tensión —oposición y equilibrio— entre los dos
polos se ilustra en algunos textos de García Lorca, como, por ejemplo,
en los cuatro poemas sobre los cuatro puntos cardinales de la *Suite del
agua:*

Norte:

> Las estrellas frías
> sobre los caminos.

Sur:

> Espejismo...
> reflejo...
> El Sur
> es eso:
> una flecha de oro,
> sin blanco...

También en la correspondencia: «Estoy en Sierra Nevada y bajo muchas
tardes al mar. ¡Qué mar prodigioso el Mediterráneo del Sur! ¡Sur, Sur! (admirable palabra sur). La fantasía más increíble se desarrolla de modo clásico
y sereno. Los rasgos andaluces se entrelazan con rasgos de un norte fijo y ta-
mizado» (Carta a J. Guillén, Lanjarón, 6 de agosto de 1926, *Espistolario I,*
pág. 157).

ÚLTIMA LAGUNA

Bajo el agua
65   están las palabras.
Limo de voces perdidas.
Sobre la flor enfriada,
está Don Pedro olvidado
¡ay! jugando con las ranas.

---

65 *están las palabras:* paradero final después del doble: «siguen las palabras» (vv. 14, 39).

67-70 La situación final de Don Pedro es comparable, amén del tono
burlesco y juguetón, a la de la niña del agua, muerta en el estanque del cuarto
de los *Nocturnos de la ventana (Canciones),* y en parte también a la posición
final de la gitana ahogada del *Romance sonámbulo,* vv. 77-78.

18

THAMAR Y AMNÓN *

*Para Alfonso García Valdecasas ***

1   La luna gira en el cielo
    sobre las tierras sin agua
    mientras el verano siembra
    rumores de tigre y llama.

---

* Tuvo también como título *Romance de Thamar y Amnón*. El tema bíblico de la violación y de los amores incestuosos entre Thamar, hija del rey David, y su hermano Amnón, se lee en el segundo libro de Samuel, capítulo XIII (vv. 1-39). Pero más que esta fuente religiosa, importan el romance llamado de Altamar —conservado y cantado en toda España y particularmente en Granada— y, en menor medida, una obra de Tirso de Molina, *La venganza de Tamar*. Manuel Alvar ha dedicado a este romance un estudio altamente instructivo, *García Lorca en la encrucijada (Tradicionalidad y pervivencia*, Barcelona, Planeta, 1970, págs. 239-245), colocándolo dentro del contexto más amplio de una historia erudita y su resonancia tradicional.

** Alfonso García Valdecasas (1905, Montefrío-Granada), amigo del Rinconcillo granadino, más tarde profesor de Derecho en las universidades de Granada y Madrid, y académico de la Real Academia Española. Lorca le dedica este romance después de haberle quitado la dedicatoria primitiva del *Romance con lagunas*.

1 *la luna:* la ominosidad de esta presencia se subraya en la versión suprimida: «químico fulgor de muerte».

4 *rumores de tigre y llama:* evocación del ambiente de calor intenso (v. 3: «verano», elemento no bíblico, pero muy importante en la obra de Tirso de Molina y en el romance tradicional), comparable al de *Reyerta*, v. 32: «... rumores calientes», con aquí un suplemento de amenaza y de acecho de peligro («tigre»).

5   Por encima de los techos
    nervios de metal sonaban.
    Aire rizado venía
    con los balidos de lana.
    La tierra se ofrece llena
10 de heridas cicatrizadas,
    o estremecida de agudos
    cauterios de luces blancas.

                    *

    Thamar estaba soñando
    pájaros en su garganta,
15 al son de panderos fríos
    y cítaras enlunadas.

---

6   *nervios de metal:* alusión metafórica a las cuerdas del arpa que el rey
David toca (ver los vv. finales 99-100). La *Soledad,* en homenaje de Fray
Luis de León, de principios de 1928, ofrece exactamente la misma imagen:

> El arpa y su lamento
> prendido en nervios de metal dorado...

7   *aire rizado:* los rizos de la lana de los rebaños se comunican al aire,
como en *Crótalo* (del *Poema del cante jondo)* el ruido del instrumento-insecto
(escarabajo sonoro):

> En la araña
> de la mano
> rizas el aire
> cálido...

10   *heridas cicatrizadas:* imágenes de la tierra seca quebrada y árida (ver
v. 2: «las tierras sin agua»).
12   *cauterios:* imágenes de quemadura (ver el v. 4: «llamas»).
13-14   *soñando pájaros:* cantando, lo que se comprueba tanto por el v. 21
como por la versión suprimida.
15-16   *panderos fríos - cítaras enlunadas:* ambos instrumentos se cubren
de funestas alusiones lunares: pandero (de forma de luna, como en *Preciosa
y el aire,* vv. 1-2, 17-18, 29); frío de luna (cfr. *Encrucijada,* del *Libro de poemas:* «... asoma la luna fría», *El concierto interrumpido,* del mismo libro: «el
calderón helado... de la media luna», *La luna asoma* de *Canciones:* «... bajo
la luna llena. / Es preciso comer / fruta verde y helada», y la canción de la
Luna, en *Bodas de sangre:* «¡Tengo frío!».

Su desnudo en el alero,
agudo norte de palma,
pide copas a su vientre
20 y granizo a sus espaldas.
Thamar estaba cantando
desnuda por la terraza.
Alrededor de sus pies,
cinco palomas heladas.
25 Amnón delgado y concreto,
en la torre la miraba
llenas las ingles de espuma
y oscilaciones la barba.
Su desnudo iluminado
30 se tendía en la terraza,
con un rumor entre dientes
de flecha recién clavada.
Amnón estaba mirando
la luna redonda y baja,

17-18 *alero agudo:* «... la línea hiriente de aleros y miradores tiene(n) en España diminutas hierbas de muerte...» *(Teoría y juego del duende).*

19-20 Esta escena de seducción (el canto de sirena, la desnudez, el calor del deseo que pide satisfacción) no pertenece ni a la historia bíblica ni a la tradición del romance popular; es propia de la visión lorquiana. Se puede comparar con el *Madrigal de verano (Libro de poemas),* con más de un punto de contacto, por ejemplo: «Entúrbiame los ojos con tu canto...» y la expresión mítica: «consumir la manzana».

24 *palomas heladas:* blancas y frías en contraste con el ardor de los cuerpos.

26 *en la torre la miraba:* Lorca presenta en esta escena el enamoramiento de Amnón a la vista de su hermana desnuda, según la historia del enamoramiento del rey David viendo a Betsabé (2 Sam. XI, 2).

32 *flecha clavada:* la flecha del amor en su representación más tradicional. Para los efectos hirientes del amor hay que referirse, por ejemplo, a la sección del *Poema del cante jondo: Poema de la saeta.*

34-35 *luna redonda - pechos:* esta visión imaginativa que continúa la seducción por fantasía erótica de Amnón, conlleva evidentes connotaciones funestas. Para la metáfora pecho-luna, ver, dentro del *Romancero gitano: Romance de la pena negra,* vv. 7-8; *Romance de la luna, luna,* v. 8; *San Gabriel,*

35   y vio en la luna los pechos
     durísimos de su hermana.

                    *

     Amnón a las tres y media
     se tendió sobre la cama.
     Toda la alcoba sufría
40   con sus ojos llenos de alas.
     La luz maciza, sepulta
     pueblos en la arena parda,
     o descubre transitorio
     coral de rosas y dalias.
45   Linfa de pozo oprimida,
     brota silencio en las jarras.
     En el musgo de los troncos
     la cobra tendida canta.
     Amnón gime por la tela
50   fresquísima de la cama.

---

vv. 28, 52, 53-54, y las notas a estos versos. En *Así que pasen cinco años,*
acto II, se lee la siguiente conversación entre la Criada y la Novia:

> CRIADA: En mi pueblo había un muchacho que subía a la torre de la iglesia
> para mirar más de cerca la luna, y su novia lo despidió.
> NOVIA: ¡Hizo bien!
> CRIADA: Decía que veía en la luna el retrato de su novia.

39   *sufría:* participación del universo doméstico en la enfermedad amorosa de Amnón. También en la Biblia y en la tradición literaria, Amnón se
acuesta por enfermo.
40   *alas:* la seducción del desnudo de Thamar fue en el agudo alero
(v. 17) y el hermano siguió viendo los pechos «durísimos». En *Reyerta* las
alas de los ángeles son «navajas» (vv. 15-16) y en *Teoría y juego del duende*
Lorca habla de «alas de acero».
41   *la luz maciza:* la intensa luz (v. 37) aumenta aún la blancura de los
pueblos como sepultura.
45   *linfa:* cultismo para agua.
48   *la cobra:* la serpiente mítica de esta historia de seducción estaba ya
presente en los vv. 12-13 de la versión de los manuscritos autógrafos publicados por R. Martínez Nadal.

Yedra del escalofrío
cubre su carne quemada.
Thamar entró silenciosa
en la alcoba silenciada,
55 color de vena y Danubio
turbia de huellas lejanas.
Thamar, bórrame los ojos
con tu fija madrugada.
Mis hilos de sangre tejen
60 volantes sobre tu falda.
Déjame tranquila, hermano.
Son tus besos en mi espalda,
avispas y vientecillos
en doble enjambre de flautas.
65 Thamar, en tus pechos altos

---

55 *Danubio:* azul.

58 *fija madrugada:* constante frescura de mañana y rocío.

59 *hilos de sangre:* las venas del cuerpo de Amnón contra la falda blanca de Thamar.

64 *doble enjambre de flautas:* verso correlativo con el anterior: «avispas y vientecillos».

65-66 *pechos - peces:* el nexo metafórico es la luna (ver v. 35: «la luna los pechos»). Para la conexión entre luna y pez se pueden aducir varios textos de Lorca. Una primera relación es simplemente de reflejo, por ejemplo, en *Mariana Pineda* (estampa I):

> ... temblor de luna sobre una pecera
> donde un pez de plata finge rojo sueño.

Un texto contemporáneo del romance: la *Soledad insegura,* de 1926, en que la relación erótica se manifiesta:

> Pez mudo por el agua de ancho ruido,
> lascivo se bañaba en el temblante,
> luminoso marfil, recién cortado
> al cuerno adolescente de la luna.

También en *Vals en las ramas,* de *Poeta en Nueva York:* «Por la luna nadaba un pez», pero sobre todo en el diálogo entre la Figura de Cascabel y la Figura de Pámpano (ver v. 22: «pámpanos y peces») de *El Público (Ruina romana),* en que se habla de la metamorfosis en «pez luna», las alusiones de tipo erótico y sexual son constantes y evidentes.

hay dos peces que me llaman
y en las yemas de tus dedos
rumor de rosa encerrada.

*

Los cien caballos del rey
70 en el patio relinchaban.
Sol en cubos resistía
la delgadez de la parra.
Ya la coge del cabello,
ya la camisa le rasga.
75 Corales tibios dibujan
arroyos en rubio mapa.

*

¡Oh, qué gritos se sentían
por encima de las casas!

---

68   *rosa encerrada:* otro ejemplo de la sexualidad floral. Cfr. el v. 88 «su
flor martirizada»: la desfloración. También *Preciosa y el aire,* v. 28 y la nota,
y *Lucía Martínez,* de *Canciones.*

69   *los caballos:* símbolo de la agresividad erótica y tanática. Ver también *Yerma,* acto I, cuadro II: «¿Quién puede decir que este cuerpo que tienes
no es hermoso? Pisas, y al fondo de la calle relincha el caballo».

71   *sol en cubos:* metafórica visión de la intensa luz contra las formas y
líneas de un pueblo blanco (cfr. vv. 41-42). También los vv. 35-36 de *Muerto
de amor.*

73-74 *ya... ya:* fórmula épica clásica para subrayar el momento del crimen.

75-76   Esta cruda visión geofísica del incesto hace más inteligible a pos-
teriori el v. 44, «coral de rosas y dalias». Se observa también el paralelismo
de construcción entre los vv. 41-44 y 71-77:

> luz intensa sobre los pueblos - sol en cubos
> coral transitorio - corales tibios en mapa

Para «arroyos» ver el v. 27: «llenas las ingles de espuma».

77-78   hay que leer estos versos en contraste con los vv. 5-6: los gritos de
horror después de los sonidos del arpa.

Qué espesura de puñales
80   y túnicas desgarradas.
Por las escaleras tristes
esclavos suben y bajan.
Émbolos y muslos juegan
bajo las nubes paradas.
85   Alrededor de Thamar
gritan vírgenes gitanas
y otras recogen las gotas
de su flor martirizada.
Paños blancos, enrojecen
90   en las alcobas cerradas.
Rumores de tibia aurora
pámpanos y peces cambian.

*

Violador enfurecido,
Amnón huye con su jaca.
95   Negros le dirigen flechas
en los muros y atalayas.

---

80   *túnicas desgarradas:* típica actitud de reprobación frente al ignominioso crimen.

83   *émbolos y muslos:* metafóricas indicaciones de los órganos sexuales masculinos y femeninos. El universo imita y pluraliza.

86   *vírgenes gitanas:* «Este poema es gitano-judío...», dijo Lorca en su conferencia. Varias variantes del romance de Altamar colocan la historia del incesto en España y en Andalucía.

87-88   Rito tradicional de una boda de gitanos.

A partir de aquí la narración es pura invención lorquiana. No corresponde ni al texto bíblico ni a la tradición culta ni popular.

Y cuando los cuatro cascos
eran cuatro resonancias,
David con unas tijeras
100   cortó las cuerdas del arpa.

---

97   *cuatro cascos:* el impacto emocional del ruido de las patas del caballo (ver también *Romance de la luna, luna,* vv. 21-22), se lee en *Zorongo,* de
los *Cantares populares:*

> los cascos de tu caballo
> cuatro sollozos de plata.

Y en *Mariana Pineda,* estampa III, escena IV:

> ... Y aunque tu caballo pone
> cuatro lunas en las piedras
> y fuego en la brisa verde...
> ¡corre más!...

100   el gesto, invención de Lorca, con incluir una réplica a los vv. 5-6, no
sólo concluye de manera dramática y épica este último romance del ciclo
histórico, sino todo el *Romancero gitano.* Un análogo efecto de violenta ruptura se halla en *Muerte de la petenera* (del *Poema del cante jondo):*

> ... y el bordón de una guitarra
> se rompe.

o en la conversación entre Rosita y el Primo *(Doña Rosita la soltera,* acto I):

> ¡... rompes con tu cruel ausencia
> las cuerdas de mi laúd!

También en *Bodas de sangre,* para sugerir la muerte (acto III, cuadro I):
«Se oyen los dos violines. Bruscamente se oyen dos largos gritos desgarra-
dos y se corta la música de los violines». La funesta función de las tijeras se
ilustra también en *Conjuro,* del *Poema del cante jondo,* y, sobre todo, en la
escena final de *Así que pasen cinco años,* donde el Jugador 1.º «con unas tijeras, da unos cortes en el aire».

GUÍA DE LECTURA

por Esperanza Ortega

Federico García Lorca. Foto archivo Espasa

DOCUMENTACIÓN COMPLEMENTARIA

1. «LA IMAGEN POÉTICA EN GÓNGORA»

García Lorca pronunció esta conferencia con ocasión del ateneo científico y literario de Granada, el 13 de febrero de 1926. En este fragmento el poeta se sitúa en el momento de la creación del poema. Lorca identifica esa experiencia con una cacería nocturna: oscuridad, noche, que es la atmósfera propia de la obra lorquiana. Ambiente de misterio y peligro. Al lado de esa atracción por el misterio, aparece la necesidad de orden y control para no caer en el engaño de la facilidad. En este equilibrio entre inspiración y disciplina reside la genialidad del poeta. Góngora aparece en esta conferencia como un modelo de poeta auténtico, exigente e inspirado, visión ésta en la que Lorca coincidía con otros poetas de la Generación del 27.

> El poeta que va a hacer un poema (lo sé por experiencia propia) tiene la sensación vaga de que va a una cacería nocturna en un bosque lejanísimo. Un miedo inexplicable rumorea en el corazón. Para serenarse, siempre es conveniente beber un vaso de agua fresca y hacer con la pluma negros rasgos sin sentido. Digo negros, porque... ahora voy a hacerles una revelación íntima... yo no uso tinta de colores. Va el poeta a una cacería. Delicados aires enfrían el cristal de sus ojos. La luna, redonda como una cuerna de blando metal, suena en el silencio de las ramas últimas. Ciervos blancos aparecen en los claros de los troncos. La noche entera se recoge bajo una pantalla de rumor. Aguas profundas y quietas cabrillean entre

los juncos... Hay que salir. Y este es el momento peligroso
para el poeta. El poeta debe llevar un plano de los sitios que
va a recorrer y debe estar sereno frente a las mil bellezas y las
mil fealdades disfrazadas de belleza que han de pasar ante
sus ojos. Debe tapar sus oídos como Ulises frente a las sire-
nas, y debe lanzar sus flechas sobre las metáforas vivas, y no
figuradas o falsas, que le van acompañando. Momento peligroso si el poeta se entrega, porque, lo haga como lo haga, no
podrá nunca levantar su obra. El poeta debe ir a su cacería
limpio y sereno, hasta disfrazado. Se mantendrá firme contra
los espejismos y acechará cautelosamente las carnes palpi-
tantes y reales que armonicen con el plano del poema que
lleva entrevisto. Hay a veces que dar grandes gritos de soledad poética para ahuyentar los malos espíritus fáciles que
quieren llevarnos a los halagos populares sin sentido estético
y sin orden ni belleza. Nadie como Góngora preparado para
esta cacería interior. No le asombran en su paisaje mental las
imágenes coloreadas ni las brillantes en demasía. Él caza la
que casi nadie ve, porque la encuentra sin relaciones, imagen
blanca y rezagada, que anima sus momentos poemáticos in-
sospechados. Su fantasía cuenta con sus cinco sentidos corporales. Sus cinco sentidos, como cinco esclavos sin color
que le obedecen a ciegas y no lo engañan como a los demás
mortales. Intuye con claridad que la naturaleza que salió de
las manos de Dios no es la naturaleza que debe vivir en los
poemas, y ordena sus paisajes analizando sus componentes.

(F. García Lorca: *La imagen poética en Góngora, Obras completas
de Federico García Lorca,* Aguilar, Madrid, 1969).

2. CONFERENCIA-RECITAL DEL *ROMANCERO GITANO*

En su conferencia sobre el ROMANCERO GITANO, Lorca
afirma su compromiso poético con la Andalucía invisible y
antifolclórica, ajena al tópico gitano. La Pena, gran tema del
libro y de todo el mundo primitivo gitano, aparece como protagonista principal. Afirma también su deuda con la tradición

del romance nuevo o artístico, neopopulista, y explica la aportación de su obra a este panorama: la transformación del romance narrativo en romance lírico.

[...] no vengo a dar una conferencia sobre temas que he estudiado y preparado, sino que vengo a comunicarme con vosotros con lo que nadie me ha enseñado, con lo que es sustancia y magia pura, con la poesía.

He elegido para leer con pequeños comentarios el *Romancero gitano,* no sólo por ser mi obra más popular, sino porque indudablemente es la que hasta ahora tiene más unidad, y es donde mi rostro poético aparece por vez primera con personalidad propia, virgen de contacto con otro poeta y definitivamente dibujado.

No voy a hacer crítica del libro, ni voy a decir, ni estudiar, lo que significa como forma de romance, ni a mostrar la mecánica de sus imágenes, ni el gráfico de su desarrollo rítmico y fonético, sino que voy a mostrar sus fuentes y los primeros atisbos de su concepción total.

El libro en conjunto, aunque se llama gitano, es el poema de Andalucía, y lo llamo gitano porque el gitano es lo más elevado, lo más profundo, más aristocrático de mi país, lo más representativo de su modo y el que guarda el ascua, la sangre y el alfabeto de la verdad andaluza y universal. Así pues, el libro es un retablo de Andalucía, con gitanos, caballos, arcángeles, planetas, con su brisa judía, con su brisa romana, con ríos, con crímenes, con la nota vulgar del contrabandista y la nota celeste de los niños desnudos de Córdoba que burlan a San Rafael. Un libro donde apenas si está expresada la Andalucía que se ve, pero donde está temblando la que no se ve. Y ahora lo voy a decir. Un libro antipintoresco, antifolclórico, antiflamenco, donde no hay ni una chaquetilla corta, ni un traje de torero, ni un sombrero plano, ni una pandereta; donde las figuras sirven a fondos milenarios y donde no hay más que un solo personaje, grande y oscuro como un cielo de estío, un solo personaje que es la Pena, que se filtra en el tuétano de los huesos y en la savia de los árboles, y que no tiene nada que ver con la melancolía, ni con la nostalgia, ni con ninguna otra aflicción o dolencia del ánimo; que es un sentimiento más celeste que terrestre; pena andaluza que es una lucha de la inteligencia amorosa con el misterio que la rodea y no puede comprender.

Pero un hecho poético, como un hecho criminal o un hecho jurídico, con tales hechos cuando viven en el mundo y son llevados y traídos; en suma, interpretados. Por eso no me quejo de la falsa visión andaluza que se tiene de este poema a causa de recitadores sensuales de bajo tono o criaturas ignorantes. Creo que la pureza de su construcción y el noble tono con que me esforcé al crearlo lo defenderán de sus actuales amantes *excesivos,* que a veces lo llenan de baba. Desde el año 1919, época de mis primeros pasos poéticos, estaba yo preocupado con la forma del romance, porque me daba cuenta que era el vaso donde mejor se amoldaba mi sensibilidad. El romance había permanecido estacionario desde los últimos exquisitos romancillos de Góngora, hasta que el Duque de Rivas lo hizo dulce, fluido, doméstico, o Zorrilla lo llenó de nenúfares, sombras y campanas sumergidas.

El romance típico había sido siempre un narración, y era lo narrativo lo que daba encanto a su fisonomía, porque cuando se hacía lírico, sin eco de anécdota, se convertía en canción. Yo quise fundir el romance narrativo con el lírico sin que perdieran ninguna calidad, y este esfuerzo se ve conseguido en algunos poemas del *Romancero,* como el llamado «Romance sonámbulo», donde hay una *gran sensación* de anécdota, un agudo ambiente dramático, y nadie sabe lo que pasa, ni aun yo, porque el misterio poético es también misterio para el poeta que lo comunica, pero que muchas veces lo ignora.

En realidad, la forma de mi romance la encontré —mejor, me la comunicaron— en los albores de mis primeros poemas, donde ya se notan los mismos elementos y un mecanismo similar al del *Romancero gitano.*

Ya el año veinte escribía yo este *crepúsculo:*

> El diamante de una estrella
> ha rayado el hondo cielo.
> Pájaro de luz que quiere
> escapar del firmamento

y huye del enorme nido
donde estaba prisionero.
Sin saber que lleva atada
una cadena en el cuello.

Cazadores extrahumanos
están cazados luceros,
cisnes de plata maciza
en el agua del silencio.

Los chopos niños recitan
la cartilla. Es el maestro
un chopo antiguo que mueve
tranquilos sus brazos viejos.
¡Rana, empieza tu cantar!
¡Grillo, sal de tu agujero!
Haced un bosque sonoro
con vuestras flautas. Yo vuelvo
hacia mi casa intranquilo.
Se agitan en mi recuerdo
dos palomas campesinas
y en el horizonte, lejos,
se hunde el arcaduz del día.
¡Terrible noria del tiempo!

Esto, como forma, ya tiene el claroscuro del *Romancero* y el gusto de mezclar imágenes astronómicas con insectos y hechos vulgares, que son notas primarias de mi carácter poético. Tengo cierto rubor de hablar de mí en público, pero lo hago porque os considero amigos, o ecuánimes oyentes, y porque sé que un poeta, cuando es poeta, es sencillo, y, cuando es sencillo, no puede caer juntas en el infierno cómico de la pedantería.

De un poema se puede estar hablando mucho tiempo, analizando y observando sus aspectos múltiples. Yo os voy a presentar un plano de este mío y voy a comenzar la lectura de sus composiciones.

*

Desde los primeros versos se nota que el mito está mezclado con el elemento que pudiéramos llamar realista, aunque no lo es, puesto que al contacto con el plano mágico se torna aún más misterioso e indescifrable, como el alma misma de Andalucía, lucha y drama del veneno de Oriente del andaluz con la geometría y el equilibrio que impone lo romano, lo bético.

El libro empieza con dos mitos inventados: la luna como bailarina mortal y el viento como sátiro. Mito de la luna sobre tierras de danza dramática, Andalucía interior concentrada y religiosa, y mito de playa tartesa, donde el aire es suave como pelusa de melocotón y donde todo, drama o danza, está sostenido por una aguja inteligente de burla o de ironía.

«Luna, luna»
«Preciosa y el aire»

En el romance «Reyerta de mozos» está expresada esa lucha sorda, latente en Andalucía y toda España, de grupos que se atacan sin saber por qué, por causas misteriosas, por una mirada, por una rosa, porque un hombre de pronto siente un insecto sobre la mejilla, por un amor de hace dos siglos.

«Reyerta»

Después, aparece el «Romance sonámbulo», de que ya he hablado, uno de los más misteriosos del libro, interpretado por mucha gente como un romance que expresa el ansia de Granada por el mar, la angustia de una ciudad que no oye las olas y las busca en sus juegos de agua subterránea y en las nieblas onduladas con que cubre sus montes. Está bien. Es así, pero también es otra cosa. Es un hecho poético puro del fondo andaluz, y siempre tendrá luces cambiantes, aun para el hombre que lo ha comunicado, que soy yo. Si me preguntan ustedes por qué digo yo «Mil panderos de cristal herían la madrugada», les diré que los he visto en manos de ángeles y de árboles, pero no sabré decir más, ni mucho menos explicar su significado. Y está bien que sea así. El hombre se acerca por medio de la poesía con más rapidez al filo donde el filósofo y el matemático vuelven la espalda en silencio.

«Romance sonámbulo»

Después aparece en el libro el romance de «La casada infiel», gracioso de forma y de imagen, pero éste sí que es pura anécdota andaluza. Es popular hasta la desesperación y, como lo considero lo más primario, lo más halagador de sensualidades y lo menos andaluz, no lo leo.

*

En contraposición de la noche marchosa y ardiente de «La casada infiel», noche de vega alta y junco en penumbra, aparece esta noche de Soledad Montoya, concreción de la Pena sin remedio, de la pena negra, de la cual no se puede salir más que abriendo con un cuchillo un ojal bien hondo en el costado siniestro.

La pena de Soledad Montoya es la raíz del pueblo andaluz. No es angustia, porque con pena se puede sonreír, ni es un dolor que ciega, puesto que jamás produce llanto; es un ansia sin objeto, es un amor agudo a nada, con una seguridad de que la muerte (preocupación perenne de Andalucía) está respirando detrás de la puerta. Este poema tiene un antecedente en la canción del jinete que voy a decir, en la que a mí me parece ver a aquel prodigioso andaluz Omar ben Hafsún desterrado para siempre de su patria.

CANCIÓN DEL JINETE

[Córdoba.
Lejana y sola.

Jaca negra, luna grande,
y aceitunas en mi alforja.
Aunque sepa los caminos
yo nunca llegaré a Córdoba.

Por el llano, por el viento,
jaca negra, luna roja.

La muerte me está mirando
desde las torres de Córdoba.

¡Ay qué camino tan largo!
¡Ay mi jaca valerosa!
¡Ay que la muerte me espera
antes de llegar a Córdoba!

Córdoba.
Lejana y sola.]

«Romance de la pena negra»

En el poema irrumpen de pronto los arcángeles que expresan las tres grandes Andalucías: San Miguel, rey del aire, que vuela sobre Granada, ciudad de torrentes y montañas; San Rafael, arcángel peregrino que vive en la *Biblia* y en el *Korán,* quizá más amigo de musulmanes que de cristianos, que pesca en el río de Córdoba; San Gabriel Arcángel anunciador, padre de la propaganda, que planta sus azucenas en la torre de Sevilla. Son las tres Andalucías que están expresadas en esta canción.

ARBOLÉ

[Arbolé arbolé
seco y verdé.

La niña del bello rostro
está cogiendo aceituna.
El viento, galán de torres,
la prende por la cintura.
Pasaron cuatro jinetes
sobre jacas andaluzas,
con trajes de azul y verde,
con largas capas oscuras.
«Vente a Córdoba, muchacha».
La niña no los escucha.
Pasaron tres torerillos
delgaditos de cintura,
con trajes color naranja
y espadas de plata antigua.

«Vente a Sevilla, muchacha».
La niña no los escucha.
Cuando la tarde se puso
morada, con luz difusa,
pasó un joven que llevaba
rosas y mirtos de luna.
«Vente a Granada, muchacha».
Y la niña no lo escucha.
La niña del bello rostro
sigue cogiendo aceituna
con el brazo gris del viento
ceñido por la cintura.

Arbolé arbolé
seco y verdé.]

Como no tengo tiempo de leer todo el libro, diré sólo «San Gabriel».

«San Gabriel»

Ahora aparece en el retablo uno de sus héroes más netos, Antoñito el Camborio, el único de todo el libro que me llama por mi nombre en el momento de su muerte. Gitano verdadero, incapaz del mal, como muchos que en estos momentos mueren de hambre por no vender su voz milenaria a los señores que no poseen más que dinero, que es tan poca cosa.

«Prendimiento»
«Muerte»

Pocas palabras voy a decir de esta fuerza andaluza, centauro de muerte y de odio que es el Amargo.

Teniendo yo ocho años, y mientras jugaba en mi casa de Fuente Vaqueros, se asomó a la ventana un muchacho que a mí me pareció un gigante, y que me miró con un desprecio y un odio que nunca olvidaré, y escupió dentro al retirarse. A lo lejos una voz lo llamó: «¡Amargo, ven!».

Desde entonces el Amargo fue creciendo en mí hasta que pude descifrar por qué me miró de aquella manera, ángel de la muerte y la desesperanza que guarda las puertas de Andalucía. Esta figura es una obsesión en mi obra poética. Ahora ya no sé si la vi o se me apareció, si me lo imaginé o ha estado a punto de ahogarme con sus manos.

La primera vez que sale el Amargo es en el *Poema del cante jondo,* que yo escribí en 1921.

«Diálogo del Amargo»

Después en el *Romancero,* y últimamente en el final de mi tragedia *Bodas de sangre,* se llora también, no sé por qué, a esta figura enigmática.

(Si hay tiempo, lee la escena)

Con un cuchillo,
[con un cuchillito,
en un día señalado, entre las dos y las tres,
se mataron los dos hombres del amor.
Con un cuchillo,
con un cuchillito
que apenas cabe en la mano,
pero que penetra fino
por las carnes asombradas,
y que se para en el sitio
donde tiembla enmarañada
la oscura raíz del grito.]

Pero ¿qué ruido de cascos y de correas se escucha por Jaén y por la sierra de Almería? Es que viene la Guardia Civil. Éste es el tema fuerte del libro y el más difícil por increíblemente antipoético. Sin embargo, no lo es.

«Romance Guardia Civil»

Para completar, voy a leer un romance de la Andalucía romana (Mérida es andaluza, como por otra parte lo es Tetuán), donde la forma, la imagen y el ritmo son apretados y justos como piedras para el tema.

«Santa Olalla»

Y ahora, el tema bíblico. Los gitanos, y en general el pueblo andaluz, cantan el Romance de Thamar y Amnón llamando a Thamar «Altas Mares». De Thamar, «Tamare»; de «Tamare», «Altamare», y de «Altamare», «Altas Mares», que es mucho más bonito.

Este poema es gitano-judío, como era Joselito, el Gallo, y como son las gentes que pueblan los montes de Granada y algún pueblo del interior cordobés.

Y de forma y de intención es mucho más fuerte que los desplantes de *La casada infiel*, pero tiene en cambio un acento poético más difícil, que lo pone a salvo de ese terrible ojo que guiña ante los actos inocentes y hermosos de la Naturaleza.

«Thamar y Amnón»

3. «ROMANCE APÓCRIFO DE D. LUIS A CABALLO»

Este romance apócrifo apareció en *La Gaceta Literaria* firmado con las iniciales F.G.L., pero en realidad lo escribió Gerardo Diego. Fue una broma que le gastaron sus amigos porque Federico tardaba demasiado tiempo en enviar una colaboración para esa revista. Don Luis es D. Luis de Góngora, y el estilo burlesco gongorino supone una auto-ironía de los poetas del 27 sobre su propia afición desmedida por el poeta cordobés. Como señala Mario Hernández, hay alusiones a «El viento, galán de torres», de *Arbolé, arbolé,* que aquí se convierte en «el viento, escultor de bultos / y burlador de romanos», con eco también en *Reyerta.* Por las mismas fechas aparece publicado el *Romance con Lagunas* en una revista de Sevilla. Hay que recordar que este romance adoptará más tarde el título de *Burla de Don Pedro a Caballo,* recuerdo del apócrifo gongorino.

> Por el real de Andalucía
> marcha Don Luis a caballo.
> Va esparciendo su manteo
> negra fragancia de nardos,

y luciendo un repertorio
en los pliegues de sus paños
el viento, escultor de bultos,
y burlador de romanos.
Dos amorcillos, hijuelos
del amor abanderado,
le van enjugando perlas
del noble sudor del cráneo
con pañuelos de estameña
de rayadillo y cruzados.
¿Quién es la niña morena
que va a deponer el cántaro
a la fuente que le dicen
la fuente de los espárragos?
—Felices, Don Luis de Góngora;
¿no me conoce su garbo?
—Ay, si es mi colmeruela
del corpiño almidonado.
Ya Don Luis se apea airoso
del estribo plateado
y ella le nieva la bota
con el sostén de su mano.
Un rumor de galopines
galopantes, galopando
entre los olivos vienen
con los trabucos terciados.
¿Quiénes son los tres barbianes?
¿Quiénes son los tres serranos?
—Son tres flamencos de Flandes
que instalaron un semáforo
para dar órdenes falsas
a los vientos y a los barcos.
Ya se acercan, cataduras
feas, ceños renegados.
Barbas que tarde o que nunca
peines de hueso peinaron.
¿Cómo os llamáis, barbianes?
La niña tiembla de verlos
aviesos y aborrascados.

Van diciendo uno, dos, tres:
—José María el Temprano.
—El Príncipe de Esquilache.
—Justo García Soriano.
De la abierta carcajada
Don Luis se ha desquijarado.

4. RESEÑA DE UNA LECTURA DE LORCA

Esta reseña anónima apareció en el periódico vallisoletano *El Norte de Castilla* el 9 de abril de 1926. Lleva por título *Lectura de poesía de Federico García Lorca* y en ella se comenta el recital que el poeta granadino ofreció en el Ateneo de Valladolid un día antes. Es interesante la reseña porque incluye un fragmento del texto que Jorge Guillén leyó en esta ocasión, para presentar a su amigo el joven poeta Federico García Lorca. El texto aparece completo en *Federico en persona*, de Jorge Guillén. De la reseña extraemos el siguiente fragmento:

> Leyó ayer en el Ateneo sus versos el gran poeta Federico García Lorca, versos de *Canciones*, de *Cante Jondo*, de *Romancero gitano*, de las deliciosas «suites» y al final, como solemne despedida, ese compendio didáctico, «La oda a Salvador Dalí», admirable monumento... Mejor que un comentario propio y un análisis personal preferimos recoger el admirable trabajo de presentación que leyó otro gran poeta nuestro de hoy: Jorge Guillén.
>
> Jorge Guillén decía, entre otras y muy bellas cosas: «Porque de eso se trata, de ver y oír nada menos que a todo un gran poeta. No, no se asusten ustedes, es una especie de fiera, de fenómeno, sí; pero un fenómeno de seducción irresistible. Esta es la primera virtud de Lorca, nos penetra a todos, nos pone a todos de acuerdo... He aquí inmediato, fresco, jovial y seguro, en todo su celeste esplendor, al poeta. Es el elegido. El predestinado. Llega con alegría, con sencillez, como un niño, un niño de veras que juega a los versos divinos. Los más transparentes, los más graciosos en esta suprema gracia

del poeta por la gracia de Dios: "el ángel". Viene al mundo
en Granada con el "ángel" andaluz por excelencia poético.
No tiene que reñir con la tradición ni romper molde alguno.
Siente en sí y tiene frente a sí a un pueblo magnífico... La lírica de Lorca se resuelve sin perder su propio carácter de lirismo en una épica y en una dramática, desarrolla sucesos y
pasiones, apela a la narración y al diálogo, al elemento infantil y a la leyenda trágica, a la "imagen" con el argumento...».

Y termina así: «No se nos brinda el papel casi pasivo de
redondear una consagración sino el activísimo, el férvido, el
supremo de iniciarla. Y andando los años podremos decir:
nosotros ya vimos a Federico García Lorca, al poeta grandioso que iba a ser».

(Anónimo: «Lectura de poesía de Federico García Lorca», *El Norte
de Castilla,* 9 de abril de 1924).

5. CARTA DE FEDERICO GARCÍA LORCA A JORGE GUILLÉN

Esta carta data del 2 de marzo de 1926 y es enviada desde
Granada hasta Murcia, en cuya Universidad el poeta vallisoletano ocupaba la cátedra de literatura. Es previa al recital que
Lorca ofrecerá en el Ateneo de Valladolid y cuya reseña trans-
mitimos en el documento número 4. Como se puede intuir por
su contenido, la amistad entre los dos poetas era entonces íntima y literaria. Lorca está redactando su *Romancero* y refle-
xiona sobre sus composiciones con lucidez, como en el caso de
Preciosa y el aire. La alusión final a la posible revista granadina en la que aparecerán los versos de Guillén supone un anti-
cipo de lo que será *Gallo,* revista fundada dos años más tarde.

Mi querido Jorge: Todos los días son días que dedico a tu
amistad tan penetrante y tan delicada. Me doy por satisfecho
teniéndote a ti, a otros pocos (poquísimos) por amigos. Te
recuerdo y el recuerdo de tu mujer y tus niños es para mí una
fiesta de sonrisas y de cordialidad. A Teresita es imposible
olvidarla.

Lo que más me conmueve de tu amistad es el interés que te tomas por el poeta. Y si yo publico es porque vosotros (¡mis tres!) tengáis los libros... Yo en el fondo no encuentro mi obra iluminada con la luz que pienso... tengo demasiado claro-oscuro. Tú eres generoso conmigo. Ge-ne-ro-so.

[...]

Ahora trabajo mucho. Estoy terminando el *Romancero gitano*. Nuevos temas y viejas sugestiones. La Guardia Civil va y viene por toda Andalucía. Yo quisiera poderte leer el romance erótico de la «Casada infiel» o *Preciosa y el aire*. *Preciosa y el aire:* es un romance gitano, que es un mito inventado por mí. En esta parte del romancero procuro armonizar lo mitológico gitano con lo puramente vulgar de los días presentes, y el resultado es extraño, pero creo que de una belleza nueva. Quiero conseguir que las imágenes que hago sobre los tipos sean entendidas por éstos, sean visiones del mundo que viven, y de esta manera hacer el romance trabado y sólido como una piedra. En componer el romance del «Gitanillo apaleado» he tardado mes y medio, pero... estoy satisfecho. El romance está fijo. La sangre que sale por la boca del gitanillo no es ya sangre..., ¡es aire!

Quedará un libro de romances y se podrá decir que es un libro de Andalucía. ¡Eso sí! Andalucía no me vuelve la espalda..., yo sé que ella no se ha acostado con ningún inglés..., pero de esto no quiero seguir hablando. ¿No sabes por qué?

[...]

¿Y tú? ¿Por qué no me mandas cosas tuyas? Quiero hacer un artículo sobre tus versos en una primorosa revista que va a salir en Granada por los niños que llegan con talento. ¡Granada es estupenda! Yo la dirijo desde lejos. Le he puesto este subtítulo: «Revista de alegría y juego literario». Aquí publicaremos el retrato, presidiendo la revista, del maravilloso profesor de poesía que construye en Murcia sus poemas, bajo la lámpara perfecta de Minerva.

Adiós queridísimo Jorge. Te envío mi cariño y mi admiración con la de todos mis amigos de Granada, entre los cuales se cruzan tus décimas bellas y exactas, que hacen ver tu mano exquisita, ligeramente morada sobre la blanca cuartilla.

6. LEYENDA GITANA

Ésta es una leyenda gitana de carácter oral y tomada del libro de J. P. Clébert, *Los gitanos*. El mismo Clébert comenta cómo este cuento trata de explicar el «nomadismo» del pueblo gitano y su vocación frustrada de auténticas raíces: «Acerca de los gitanos hay quien no ha dudado en ver en ellos la descendencia maldita de Caín. Los textos del Génesis en particular, subrayando la maldición caída sobre el hermano de Abel, evocan muy acertadamente el nacimiento de un pueblo nómada lanzado al viento de las cizañas». Así pues, el nomadismo es la esencia y a la vez la condena, el destino trágico de este pueblo, miserable y grandioso, que arrastra una culpa desde su mismo origen. La sangre, la violencia, representada por el clavo ardiente, será uno de sus constituyentes genuinos. En el ROMANCERO GITANO aparece en muchas ocasiones este sentido trágico, ancestral, de la existencia colectiva, por ejemplo en el *Romance sonámbulo* o en *Muerte de Antoñito el Camborio*.

Cuando Yeshua ben Miriam, que el mundo llamará Jesús, fue entregado a los carceleros romanos para ser crucificado, dos soldados romanos recibieron el encargo de procurarse cuatro sólidos clavos. Los soldados recibieron ochenta kreutzer para comprar clavos en casa de un herrero; pero se detuvieron en una taberna y se gastaron la mitad del dinero en beber el vino que los griegos vendían en Jerusalén. Luego se precipitaron tambaleándose fuera de la taberna, y al llegar a la casa del primer herrero, le dijeron: «Necesitamos cuatro clavos para crucificar a Yeshua ben Miriam». El herrero era un viejo judío y saliendo tras su fragua les dijo que no lo haría. Entonces, los soldados le traspasaron con su lanza después de haberle prendido fuego a la barba.

Un poco más lejos se hallaba el taller de otro herrero. Los soldados fueron allí y le ordenaron que fabricara esos clavos. Aterrorizado el judío se dirigió a su fragua y empezó su trabajo. Uno de los soldados, deseoso de ayudarle, se inclinó hacia él y le dijo: «Que sean buenos y sólidos, porque al amanecer vamos a crucificar a Yeshua ben Miriam». Cuando oyó pronunciar este nombre, el judío se quedó inmóvil, con la mano en alto sosteniendo el martillo. Y la voz del primer herrero que los soldados habían matado, musitó débilmente, sin aliento: «Aria, no fabriques los clavos; son para un hombre de nuestra raza, un hombre inocente». Aria tiró el martillo al lado de la fragua y dijo: «No haré los clavos». Los soldados también estaban asustados, porque habían oído la débil voz del hombre al que habían matado. Pero estaban furiosos y borrachos y atravesaron al herrero a lanzadas.

Si los soldados no se hubieran gastado cuarenta kreutzer en beber, hubieran podido regresar a su campamento y explicar lo que había ocurrido, salvando así la vida de Yeshua ben Miriam. Pero les faltaban cuarenta kreutzer. Por esto salieron del recinto de Jerusalén. Se encontraron con un gitano que acababa de levantar su tienda e instalar su yunque. Los soldados le ordenaron que forjara cuatro gruesos clavos y depositaron ante él los cuarenta kreutzer. El gitano, ante todo se embolsó el dinero, y luego se dispuso a trabajar. Cuando el primer clavo estuvo forjado, los soldados lo metieron en una bolsa. Cuando el segundo estuvo terminado, lo metieron también en una bolsa. Hicieron lo mismo cuando el tercero estuvo a punto. Y cuando el gitano se disponía a forjar el cuarto clavo, uno de los soldados dijo: «Gracias gitano. Con estos clavos vamos a crucificar a Yeshua ben Miriam». Apenas había terminado de hablar, cuando las voces trémulas de los herreros asesinados suplicaron al gitano que no terminase de fabricar los clavos. Había anochecido. Los soldados, aterrorizados, huyeron antes de que el gitano terminara el cuarto clavo.

El gitano, contento por haberse embolsado los cuarenta kreutzer antes de empezar su trabajo, terminó el cuarto clavo. Entonces aguardó a que el clavo se enfriara. Vertió agua sobre el hierro ardiente, pero el agua se evaporó y el hierro continuaba tan incandescente como cuando lo tenía puesto al fuego con sus pinzas. El gitano vertió más agua, pero el clavo permanecía ardiente como si fuera un cuerpo vivo y sangrante. Y la sangre hacía crepitar el fuego. Vertió más y más agua sobre el clavo: el agua se evaporaba y el clavo continuaba incandescente.

En la oscuridad de la noche, una gran extensión del desierto quedaba iluminada por el fulgor del clavo. Aterrado, el gitano cargó su tienda sobre su asno y huyó. A medianoche, entre dos altas dunas de arena, el viajero solitario, rendido, montó de nuevo su tienda. Pero allí, a sus pies, brillaba el clavo que había forjado cerca de las puertas de Jerusalén. Como se hallaba cerca de un pozo, fue sacando agua toda la noche para apagar el clavo. Cuando hubo sacado la última gota, esparció arena sobre el hierro candente, pero el hierro no dejaba de brillar. Presa del pánico, el gitano huyó más lejos, adentrándose en el desierto, pero el clavo le seguía a donde quiera que iba...

Y el clavo aparecía siempre delante de la tienda de los descendientes del hombre que forjó los clavos para crucificar a Yeshua ben Miriam. Y cuando aparece el clavo, los gitanos huyen. Es por esto por lo que siempre se desplazan. Y es por esto por lo que Yeshua ben Miriam fue crucificado tan sólo con tres clavos, y sus pies puestos el uno encima del otro atravesados por un solo clavo. El cuarto clavo anda errante de un extremo a otro del mundo.

(J. P. Clébert, *Los gitanos,* Ediciones Orbis, Barcelona, 1982).

TALLER DE LECTURA

Ofrecemos en primer lugar una serie de comentarios sobre algunos romances, que pueden servir como guía que facilite la lectura del ROMANCERO GITANO.

1. ROMANCE DE LA LUNA, LUNA

Como ha señalado Christian De Paepe, la función de este romance es claramente inaugural. Es el primero en cuanto a la fecha de redacción y es el primero también en el orden de las composiciones del ROMANCERO GITANO. Realiza, pues, la función de prólogo dentro de la estructura del libro.

La reiteración del sustantivo «luna» ya en el título nos anuncia la relevancia que el elemento lunar va a poseer en toda la obra, y que corresponde a su protagonismo en el pensamiento mítico gitano. Su poder no es sólo misterioso, sino también maléfico, como se demuestra al final del poema con la muerte del niño. La luna aparece asociada al metal: «Sus senos de duro estaño». Y lo metálico tiene en Lorca un valor funesto.

La personificación de la luna en forma de mujer, bailarina lúbrica y ansiosa de poseer la inocencia infantil, dota al romance de un tono amenazante y mágico al mismo tiempo. Aguirre había insistido en la importancia de la luna como figura simbólica relacionada con la muerte, con un valor mítico-religioso, propio de las culturas primitivas. Cano Ballesta señala a este respecto: «El poema describe la primera visita de la luna al mundo de los gitanos, visita fatal y trágica. Su última aparición será para presidir la destrucción del mundo.»

El mundo gitano aparece representado desde el primer verso por la fragua. Fragua, collares, anillos, yunque, etc., son nociones que nos remiten a la vida cotidiana de esa etnia marginada. Los gitanos van a aparecer caracterizados más tarde con la metáfora «bronce y sueño», materia y espíritu, mundo terrestre y mundo celeste.

La muerte establece en este romance un diálogo mudo con el niño. Como en las *Coplas* de Jorge Manrique, llama a las puertas de la fragua con su baile mortal. El niño se resiste, amenaza impotente con la inminencia de la llegada de los gitanos... En ese momento, la irrupción del diálogo en estilo directo —«Huye luna, luna, luna...», «Niño, déjame que baile»— marca el instante de mayor dramatismo y presenta el pasaje como una escena teatral. La primera descripción del niño en la fragua funciona por ello como «acotación» previa al diálogo. Toda la escena está narrada en presente, como también es propio del género dramático. Sin embargo, el presente es interrumpido por el imperfecto, en ese juego de alternancia verbal tan propio del ROMANCERO GITANO y que éste había heredado del romancero tradicional. Los imperfectos —«se acercaba» (el jinete), y «venían» (los gitanos)— dirigen ahora la cámara imaginaria del poema hacia una acción alejada de la central. Al volver al primer plano del niño reaparece el presente. Así pues, el niño dormido representa la proximidad, mientras que el jinete representa la lejanía (imperfecto), por eso podemos afirmar que esta forma verbal está «destemporalizada» en el poema, posee más bien un valor plástico y poético.

El narrador de esta historia está presente desde el comienzo, pero no interviene en la escena. Más tarde se oculta y cede paso, como en la acción teatral, al diálogo entre los dos protagonistas: La luna y el niño. Vuelve a aparecer al final el narrador, y entonces interviene por medio del apóstrofe: «¡Ay cómo canta en el árbol!».

Alguien más presencia lo que sucede: el aire personificado, testigo al que le afecta el dramatismo de la escena: el aire «conmovido».

El jinete gitano no llega a tiempo para evitar el rapto de la luna-muerte. Su galopar, anunciado en la metáfora «tocando el tambor del llano», es un esfuerzo inútil, que conduce a la frustración, ya que no alcanza el destino que desea.

Al final, eliminadas todas las demás figuras, la luna cesa en su baile espectral. Ya ha capturado su presa: la conduce con cuidado, «de la mano», entre las tinieblas de la noche. El niño está muerto, ha concluido su proceso de «desrealización», ha ingresado en la nada. Ya no es *el* niño, sino *un* niño lejano y ausente. La muerte ha conseguido reflejarse en el espejo de sus ojos.

Así pues, este romance prólogo anuncia el destino trágico del mundo de los gitanos, que atraídos por el poder mágico (la luna), como seres inocentes que son, terminan hundiéndose en el lago de la muerte.

2. PRECIOSA Y EL AIRE

Aunque sea un romance de redacción tardía, *Preciosa y el aire* aparece en segundo lugar dentro del orden de los poemas del ROMANCERO GITANO. Hay un paralelismo entre esta composición y la anterior, el *Romance de la luna, luna.* Si en aquél la luna codicia adueñarse del niño, en éste es el viento el que persigue a una niña gitana. En ambos poemas, la luna protagoniza los primeros versos:

> La luna vino a la fragua
> con su polisón de nardos
>
> *(Romance de la luna, luna)*

> Su luna de pergamino
> Preciosa tocando viene
>
> *(Preciosa y el aire)*

Dos fuerzas míticas: la luna y el viento; si la primera es símbolo de la muerte, el segundo lo es del deseo. Eros y muerte presiden el universo de los gitanos, y esta es la causa de que presidan también el ROMANCERO de Lorca.

El viento, personificado, representa el impetuoso deseo masculino como queda patente en los versos: «el viento-hombrón la persigue / con una espada caliente». Tiene el viento muchos antecedentes en su representación del ansia masculina. Bóreas, por ejemplo, dentro del mundo mitológico, fecundaba a las yeguas cuando éstas le ofrecían sus grupas. García Lorca se inspira en el libro VI de *Las metamorfosis,* de Ovidio, a la hora de redactar este romance. Ovidio describe como Bóreas rapta a una doncella. Además, en su conferencia sobre *El cante jondo* Lorca ya señalaba: «Lo que en los poemas del cante jondo se acusa con admirable realidad poética es la extraña materialización del viento, que han conseguido muchas coplas». Y acto seguido propone ejemplos como éste:

> Tengo celos del aire
> que da en tu cara,
> si el aire fuera hombre
> yo lo matara
>
> (Copla popular)

El aire, el viento del cante jondo es el mismo que el que persigue a Preciosa en nuestro romance. Pero si el viento representa el instinto masculino, Preciosa nos remite a la protagonista de *La gitanilla* de Miguel de Cervantes, símbolo de la gracia y el atractivo femenino. Al lado de *Preciosa y el aire* encontramos otros elementos de la naturaleza personificada, que establecen relación con el hombre a través del diálogo. Esta animación de la naturaleza, propia de todas las culturas primitivas, se representa por medio de expresivas prosopopeyas, asociadas a otras imágenes, como la metáfora o la sinestesia:

> Los olivos palidecen
>
> ...
>
> Frunce su rumor el mar
>
> ...
>
> El silencio sin estrellas
> huyendo del sonsonete
> cae...

Viento, mar, olivos... todos contribuyen a crear una atmósfera nocturna y amenazante para Preciosa. Otra figura, la de San Cristobalón, santo casamentero según la tradición popular, opera como coadyuvante en la escena de persecución.

El color verde, que Aguirre señalaba como asociado al deseo prohibido, es otra de las presencias de este poema. En uno de los momentos más emocionantes, el narrador apostrofa: «¡Preciosa, corre Preciosa / que te coge el viento verde!».

Contrastan con los protagonistas-míticos anteriormente descritos los personajes que pertenecen al mundo histórico de los gitanos: los ingleses y la Guardia civil. Efectivamente, una colonia inglesa se asentó en algunas zonas de Andalucía durante el siglo XIX y a ellos alude el romance.

Hay en este poema una estructura de representación teatral. La separación en dos partes, por ejemplo, corresponde al cambio de escenario de la acción. Dentro de la primera escena, los espacios en blanco marcan los cambios de perspectiva. La primera sección, presentativa, está protagonizada por Preciosa; la segunda, por el viento; la tercera, por otros elementos de la naturaleza, y la cuarta, por el propio narrador, que irrumpe súbitamente en el escenario.

Aparece Preciosa anunciada por el sonido del tambor. Todo estaba dormido, pero su atractivo despierta a las figuras: «Su luna de pergamino / Preciosa tocando viene...».

Todos, también el viento y San Cristobalón, acuden en su busca. Entonces aparece el primer espacio en blanco. El viento será ahora el protagonista cuando su voz resuene en el poema: «Niña, deja que levante...». Después del siguiente espacio en blanco serán los olivos y la nieve los únicos testigos de la persecución. En el último grupo de versos de la primera escena, el apóstrofe del narrador nos sorprende: «¡Preciosa, corre, Preciosa / que te coge el viento verde!». La modalidad exclamativa de estos versos se corresponde con el momento de mayor entusiasmo por parte del sátiro perseguidor de Preciosa, y de mayor peligro para la gitana. Es tal el clímax de exaltación que el narrador no se puede contener y se comporta como el espectador de una película que, entusiasmado, gritara desde su butaca para prevenir a los protagonistas.

La segunda escena supone, como antes señalamos, un cambio en el escenario. El viento no va a conseguir alcanzar a su presa. Preciosa se protege en la colonia de los ingleses. Vencido, el viento choca contra los tejados, su violencia sigue amenazando tanto a Preciosa como a todo el mundo gitano. El poema, que había comenzado *in medias res*, tiene también un final truncado, pues nada puede impedir que la lucha continúe.

3. ROMANCE SONÁMBULO

La figura más inquietante de esta composición es su protagonista femenina. La muchacha del *Romance sonámbulo* representa la frustración y la esterilidad del amor oscuro, por eso viene a morir en el aljibe, el pozo de agua estancada ajeno a la fluidez y la esperanza, como le sucede a Yerma o alguna de las hijas de Bernarda Alba. Es una muchacha que no tiene nombre propio. Aparece solamente el pronombre personal «ella», marcando tanto la postración de la mujer en la sociedad gitana como su papel de receptora de la narración: ella es la que permanece —inútilmente— en las altas barandas, lugares de expectación amorosa.

El verde preside todo el poema y, con su carácter simbólico, le dota de color y dramatismo desde el primer verso: «Verde que te quiero verde». Este color es también un marco cromático, le envuelve en su estructura circular: el verso se repite al principio y al final de la composición, que termina y comienza en el mismo punto, como un círculo. Verdes son la carne y el pelo de la muchacha. El olor que trae el viento es «de hiel, de menta y albahaca», tres sustancias de color verde. El color verde del mar se asocia con la misma función simbólica... J. M. Aguirre señala en este sentido: «Lo verde está relacionado con la luna, el mar, lo carnal, los niños muertos, sangre y espinas, ramas sin pájaros, fruta helada. Es decir, símbolos de la esterilidad, frustración, muerte; amor, sí, pero sin fruto, amargo, equívoco».

Por otra parte, la luna y el aspecto metálico de los ojos de la muchacha anuncian su muerte próxima. García Lorca en su conferencia-recital sobre el ROMANCERO GITANO comentaba: «Hay en el *Romance sonámbulo* una sensación de anécdota, un agudo ambiente dramático, y nadie sabe lo que pasa, ni aun yo, porque el propio misterio poético es también misterio para el poeta que lo comunica, pero que muchas veces lo ignora...». Efectivamente, hay un sonambulismo que envuelve en verde misterio a la narración, entrevista por los ojos moribundos de la muchacha desde las altas barandas del sueño.

El jinete, contrapunto trágico y lleno de dinamismo, se debate entre dos formas de la vida: la vida sedentaria, representada por la casa, el espejo y la manta; y la vida salvaje, libre, representada por el caballo, la montura y el cuchillo. El jinete desea elegir la primera por dos razones: el miedo a la muerte y el ansia de responder a la llamada del amor. Ambas le empujan al sedentarismo. Es demasiado tarde, sin embargo. El amor se está muriendo en las barandas de la espera y la guardia civil, imagen funesta que anuncia la muerte, golpea con insistencia las puertas de la casa. El jinete gitano fracasará en su anhelo de integración, porque para alcanzar el objeto de su deseo debería renunciar a su ser más profundo y ya no sería él, sería otro el que reposara en las «sábanas de holanda». Como el propio Lorca, el protagonista de este romance sucumbe ante un destino trágico que le impulsa a la frustración y a la esterilidad. Estos versos de Luis Cernuda expresan la misma contradicción entre voluntad y deseo:

> Si yo fuera otro hombre más feliz acaso
> Bien que no es cuestión de ser dichoso
> Amo el sabor amargo y puro de la vida

Pero la muerte violenta trunca siempre el deseo porque, como señala Francisco García Lorca, en la mentalidad gitana la muerte nunca acaece como acabamiento, sino que sorprende siempre en medio del camino. La herida del jinete es demasiado profunda. Como el protagonista del romance tradicional titulado *El enamorado y la muerte,* intenta desasirse de su urgencia, ser salvado por el amor, pero no lo consigue. La luna preside la escena en que la muerte se apodera de sus presas: «Barandales de la luna / por donde retumba el agua».

La naturaleza animada participa como testigo del drama amoroso. La animalización comunica el mundo terrenal con el animal en figuras como «pez de sombras» o «monte, garduño». Las metáforas florales identifican la herida abierta del mocito: «Trescientas rosas morenas / lleva tu pechera blanca».

Un ruido amenazante anuncia la llegada de la muerte, envuelto en impresionantes prosopopeyas. «Temblaban en los tejados / farolillos de hojalata. / Mil panderos de cristal / herían la madrugada». Y como un respiro dentro de tanto dramatismo aparece una de las comparaciones más singulares del libro. «La noche se puso íntima / como una pequeña plaza».

El poema está dividido en cinco partes, separadas tipográficamente. Cada división marca un cambio en el tiempo y conlleva una elipsis, un paréntesis que el lector ha de suplir con su imaginación. Las dos primeras partes son dos tiempos indefinidos de espera, aunque en la segunda aparezca una «anticipación» de la llegada del jinete en el apóstrofe interrogativo: «¿Pero quién vendrá? ¿Y por dónde?».

El diálogo ocupa la tercera parte. Diálogo entre el compadre (padre de la muchacha) y el jinete contrabandista que le pide asilo. Con un carácter teatral, es en el diálogo, lleno de tensión, donde se plantea el conflicto decisivo entre la vida y la muerte. Las oraciones de modalidad exhortativa expresan el ansia desesperada del muchacho:

> Dejadme subir al menos
> hasta las altas barandas
> ¡dejadme subir!, dejadme
> hasta las verdes barandas

Vuelven a resonar aquí los versos de *El enamorado y la muerte:* «déjame vivir un hora».

En la quinta parte presenciamos el esfuerzo inútil de los gitanos por ascender a las barandas y liberarse de la fatalidad que les sigue el rastro. Hasta este momento el romance estaba narrado en presente actual, pero ahora irrumpe el imperfecto, si bien la acción sigue siendo simultánea. Como en otras composiciones, es un imperfecto destemporalizado, con un valor lírico y plástico, casi cinematográfico. La cámara abandona el primer plano y lo cambia por un plano general. El imperfecto expresa la distancia con respecto a los protagonistas («temblaban», «herían»).

El cambio del primer plano al plano general se produce a través del paréntesis paralelístico que lentifica la acción: «dejando un rastro de sangre / dejando un rastro de lágrimas».

En la escena siguiente, vuelve a aparecer la alternancia en las formas verbales. El pretérito indefinido dota al pasaje de un aspecto perfectivo, de acción conclusa: «Los dos compadres subieron».

El imperfecto de indicativo repite su valor descriptivo, de alejamiento: «El largo viento dejaba...», y el presente actual vuelve a ser protagonista del diálogo teatral entre mocito y compadre: «Compadre ¿dónde está? dime». En los versos finales se produce la alternancia entre el indefinido y el pretérito imperfecto de subjuntivo, tan típica de la disimetría del romancero tradicional: «¡Cuántas veces te esperó! / ¡Cuántas veces te esperara!».

En la última parte, el escenario se va alejando todavía más del lector, se convierte nuevamente en paisaje estático, quieto. Desaparece el presente que era propio del diálogo, de la resistencia a la muerte. La aparición de los guardias civiles parece que va a derrumbar el mundo de los gitanos, al golpear las puertas de la casa, pero todo vuelve a su estado inicial al término del poema. Se cierra el círculo y se repiten los primeros versos:

> Verde que te quiero verde.
> Verde viento. Verdes ramas.
> El barco sobre la mar
> y el caballo en la montaña.

Porque el mundo de los gitanos es el lugar de la inestabilidad, el tiempo del sueño y la actitud del sonambulismo, o sea el mundo del deseo que se debate entre la muerte y la vida: por allí navega un barco y galopan caballos que nunca alcanzan su destino.

4. SAN MIGUEL (GRANADA)

El arcángel San Miguel es una figura mítica del mundo gitano. De hecho el día de San Miguel, 29 de septiembre, se conmemora con una romería en su ermita del Sacromonte. Este romance, cuya figura principal es la imagen de una ermita, posee consecuentemente un carácter descriptivo, estático. La imagen de San Miguel está en el centro de un tríptico en el que también figuran San Gabriel y San Rafael. Ese estatismo del icono hace que San Miguel aparezca calificado en la composición como «arcángel domesticado», pues su actitud amenazante contrasta con la inmovilidad propia de la escultura.

El arcángel posee características femeninas, como figura ambigua, con un aspecto un tanto cursi. Pero asoma una enorme ternura en la descripción lorquiana del santo: esta cursilería merece para él tanto respeto como la religiosidad popular andaluza, con sus encajes y sus espejitos. Concha Zardoya señalaba: «En su dimensión diminuta, Lorca introduce el espejo, feminizado y coquetón, como nota de fino costumbrismo andaluz».

Así definía Lorca a San Miguel en su conferencia recital sobre el ROMANCERO GITANO: «San Miguel, en el aire, que vuela sobre Granada, ciudad de torrentes y montañas.» La visión del espacio celeste de San Miguel aparece en la primera parte del poema y la visión del espacio terrestre en la tercera. Dado el carácter descriptivo de esta composición, no hay acción, y las separaciones entre sus cuatro secciones no obedecen a un cambio de tiempo, sino a un cambio de escenario. La primera y la tercera parte describen el espacio exterior, y la segunda y cuarta parte a San Miguel dentro del retablo. Los presentes indicativos se corresponden asimismo con la forma descriptiva del texto.

La animación, característica propia de todos los romances lorquianos, está también aquí presente por medio de la personificación de elementos naturales, sobre todo acuáticos, a los que el poeta atribuye voluntad y emociones: «El mar baila en la playa», o:

> El agua se pone fría
> para que nadie la toque.
> Agua loca y descubierta
> por el monte, monte, monte.

Los sentidos de la vista, el gusto y el oído se aúnan en la sinestesia «Cruje la aurora salobre», representando la correspondencia entre el mundo sensorial y el mundo celestial en la primera parte.

Montaña y torrente, como señalaba Lorca en su conferencia, se suman en los dos últimos versos de esta sección, que termina igual que comienza, con la reiteración de resonancia mágico-infantil: monte, monte, monte.

Lo carnal, terrestre, se expresa en la comparación de la tercera parte: «Los culos grandes y ocultos / como planetas de cobre», y la metáfora expresa, en cambio, la visión celeste al comienzo del romance: «Un cielo de mulos blancos / cierra sus ojos de azogue». Los cielos de azogue son, por supuesto, las estrellas. El cielo aparece aquí como el gran espejo, en el que se refleja la imagen de los mulos blancos. La suma del espacio terrestre y celeste se representa también por medio de otra metáfora: «Las orillas de la luna». Luna y agua identificadas, confundidas en el espejo del cielo.

Pero toda la magia se resuelve en culto popular, tierno y minúsculo. Culto a una imagen engrandecida ante el fervor de los gitanos, que la elevan así hasta su verdadera identidad celestial.

5. PRENDIMIENTO DE ANTOÑITO EL CAMBORIO

Si en el *Romance sonámbulo* nos encontrábamos con una composición de tipo mítico femenino, en este romance lo hacemos con el tipo mítico masculino. Antoñito el Camborio representa la dignidad gitana herida por la historia, el tiempo y la circunstancia. En su conferencia-recital sobre el ROMANCERO GITANO, Lorca se refería así a su protagonista: «Ahora aparece en el retablo uno de los héroes más netos, Antoñito el Camborio, el único de todo el libro que me llama por mi nombre en el momento de su muerte. Gitano verdadero, incapaz del mal, como muchos en estos momentos mueren de hambre por no vender su voz milenaria a los señores».

El contenido del romance aparece ya anunciado en el título, que alude a la Pasión de Cristo: Antoñito aparece en escena garboso, con su vara de mimbre, igual que Jesús cuando pasea el Domingo de Ramos por las ciudades españolas. La presentación de Antoñito nos le muestra como digno representante de la aristocracia gitana, al aludir a su dinastía («hijo y nieto de Camborios»). Así pues, estamos ante un «pura sangre», un ser nacido para la gloria o la perdición, distante desde luego de la mediocridad. Sin embargo aparecen dos premoniciones fatídicas: «moreno de verde luna» (el contenido simbólico del poema alude a la fatalidad, por medio del color de su rostro y de la alusión a la luna) y «A la mitad del camino...», verso que se repite dos veces, es un verso de tradición popular que tiene una función narrativa. Este es uno de los romances más claramente narrativos del libro. Dos verbos en pretérito indefinido («llevó» y «cantó») intensifican los momentos álgidos de la acción. Igual que Antoñito corta los limones a la mitad del camino, la Guardia civil le prende bajo las ramas de un olmo, como al fruto arrancado en su momento de mayor esplendor.

Las separaciones entre las distintas partes del poema marcan el cambio de tiempo en la acción narrativa. La primera parte transcurre después del mediodía, cuando Antoñito se dirige a la corrida de toros. La segunda parte transcurre en el momento del crepúsculo, mientras «El día se va despacio...», y la tercera, a las nueve de la noche, al tiempo que desaparece la luz del exterior y paralelamente Antoñito es devorado por las fauces oscuras del calabozo. Entonces el cielo reluce sin estrellas, «como la grupa de un potro». Existe en este poema una correspondencia entre la caída del día y la pérdida de la dignidad gitana. El primer cuadro, como ya señalamos, describe la nobleza y dignidad del héroe y el segundo cuadro su humillación ante la Guardia civil. Todo es dual en el romance: dignidad-humillación, luz-oscuridad...

Antoñito el Camborio pierde entonces la identidad dentro de su etnia, a la vez que es despojado de la vara de mimbre, su hombría. «Antonio, ¿quién eres tú?», le increpa la voz inconcreta y ancestral del pueblo al que pertenece. Antonio ya no es nadie, por eso nadie le reconoce, está simbólicamente muerto para todos. Habría que leer ahora los versos del *Llanto por Ignacio Sánchez Mejías,* en los que Lorca afirmará, refiriéndose al torero fallecido, «No te conoce el toro ni la tarde».

Con el prendimiento de Antoñito el Camborio desaparece también la dignidad de todos los gitanos: «Están los viejos cuchillos / tiritando bajo el polvo». Los cuchillos tienen aquí un valor metonímico, representan una cultura ancestral que elige la fatalidad, la sangre, por encima de la humillación y la mediocridad.

Antoñito el Camborio no recuperará su honra hasta que muera en el romance siguiente. Son los mismos cuchillos los que le impulsan a la violencia que acabará con su vida, y pertenecen a un mundo terrible que entiende el conflicto entre la vida y la muerte como el espejo sagrado en el que debe mirarse el ser humano.

6. ROMANCE DE LA GUARDIA CIVIL ESPAÑOLA

Este romance podría servir para poner de relieve el cruce entre mito e historia, realidad y fantasía, que se produce en el ROMANCERO GITANO. La Guardia civil, históricamente, ha tenido la función de perseguir a los delincuentes en las zonas rurales, y esa función represora se superpone en el romance a una visión mítica mucho más profunda.

Proponemos ahora un texto de *Imágenes y símbolos,* de Mircea Eliade, como base para una reflexión sobre este romance. Mircea Eliade explica que:

> «las sociedades arcaicas conciben el mundo como un microcosmos. En los límites de este mundo cerrado comienza el campo de lo desconocido, de lo no-formado. Por una parte existe el espacio hecho cosmos, porque es habitado y organizado, por otra parte, el exterior de este espacio familiar, la región desconocida y temible de los demonios, de los extranjeros, en una palabra, el caos, la muerte, la noche... las mismas

imágenes se utilizan todavía en nuestros días, cuando se trata de formular los peligros que amenazan a nuestra civilización. Se habla entonces del "caos", de las "tinieblas", etc., en las que caerá el mundo. La concepción del adversario como ser demoníaco también ha perdurado hasta hoy». Y sigue diciendo Eliade: «Todo microcosmos, toda región habitada, tiene lo que podría llamarse un "centro", es decir un lugar sagrado por excelencia...».

Si aplicamos estas nociones al leer el *Romance de la Guardia civil española,* veremos el sentido simbólico del color negro que califica a todo lo relacionado con los guardias civiles. Su identificación con seres extra-humanos que «tienen de plomo las calaveras» o «el alma de charol». Por eso son también seres nocturnos los que atacan en la oscuridad a ese microcosmos que es la ciudad de los gitanos.

El centro de la ciudad no puede ser otro que el Portal de Belén, donde San José y la Virgen conviven con otras figuras «sagradas» para los gitanos, como Pedro Domecq o tres sultanes de Persia. El enemigo demoníaco, la Guardia civil, destruye ese centro sagrado y se aleja por su «túnel de silencio», subterráneo. Todo queda así desrealizado, ingresa en la nada de la muerte y el olvido. En ese momento —final del poema— Lorca afirma refiriéndose a la ciudad de los gitanos:

> ¿Quién te vio y no te recuerda?
> Que te busquen en mi frente
> juego de luna y arena.

Este centro sagrado pasa a formar parte, pues, de la mente del poeta, de su universo espiritual y simbólico.

La destrucción de la ciudad de los gitanos se corresponde así con la destrucción del microcosmos de todo ser humano, amenazado por la fuerza indiscriminada del mal, por lo extraño, aquello con lo que el hombre no puede establecer comunicación.

Refiriéndose seguramente a la lectura simplona que muchas veces se ha hecho de esta composición, sin tener en cuenta su significado mítico simbólico, Federico García Lorca declaraba a A. Otero Seco en 1936 (según ha recogido Mario Hernández):

> —No lo vas a creer, de puro absurdo que es la cosa; pero es verdad. Hace poco me encontré sorprendido con la llegada de una citación judicial... Fui al juzgado ¿y sabes lo que me dijeron allí? Pues que un señor de Tarragona se había querellado por mi Romance de la Guardia civil española... Yo, claro, le expliqué al fiscal minuciosamente cuál era el propósito de mi romance, mi concepto de la Guardia civil, de la poesía, de las imágenes, del surrealismo, de la literatura y de no sé cuántas cosas más.
>
> —¿Y el fiscal?
>
> —Era muy inteligente y, como es natural, se dio por satisfecho. El bravo defensor de la Benemérita se ha quedado sin lograr procesarme...

Sería interesante haber asistido a la defensa de Lorca contra su acusación. En su defecto, proponemos redactar un texto en que, basándonos en este romance y otros del libro, como el *Prendimiento de Antoñito el Camborio* o el *Romance sonámbulo*, justifiquemos cuál era el concepto de Lorca sobre la poesía y «no sé cuántas cosas más».

7. BURLA DE DON PEDRO A CABALLO (ROMANCE CON LAGUNAS)

El subtítulo de este poema, «Romance con lagunas», alude a la excepcionalidad de la composición que no se atiene para nada al orden y ritmo del resto del ROMANCERO GITANO. Por esta razón Christian De Paepe ha señalado su cualidad de antirromance. La métrica, por ejemplo, está más próxima al romancillo y sus «lagunas» nos recuerdan más a las *Canciones* que a los romances.

Las lagunas hacen alusión asimismo a las elipsis del poema. Son lagunas misteriosas, pues ni el narrador ni los lectores conseguirán descubrir qué ha sucedido con un protagonista tan curioso en su rara aventura. No hay historia. Nadie puede reproducir su argumento, pero a pesar de todo ahí está el romance, el antirromance, las palabras con su ritmo interior en las lagunas del misterio nunca desvelado.

Se han buscado diferentes fuentes para este poema. Margaret Classer, por ejemplo, señala como antecedente la canción popular que dio origen a la comedia de Lope *El caballero de Olmedo:*

> Que de noche le mataron
> al caballero
> la gala de Medina
> la flor de Olmedo...

El escenario, sin embargo, es mucho más exótico que el de la tragedia lopesca: Don Pedro cabalga hacia Belén. No hay que tomar este topónimo demasiado al pie de la letra, pues su marcha adquiere en Lorca un valor más lírico que geográfico. De hecho se podría pensar que las figuras, o figurillas, que aparecen en el romance de «Don Pedro a caballo»: dos mujeres y un viejo, un marinero, el niño... la luna y la estrella de plata, remiten a las imágenes de barro de un Belén un tanto heterodoxo, un Nacimiento construido en el sueño. Esta historia tiene mucho que ver con una visión onírica, recordada fragmentariamente en la vigilia. La misma perplejidad siente el durmiente cuando se despierta de un sueño en apariencia absurdo, aunque logre recordarlo y describirlo. Gran parte de la historia, sus elipsis, se ahogan en las lagunas de la pesadilla. Sólo quedan en pie las palabras, esos signos con los que traducimos emociones o imágenes, incluso cuando no las comprendemos.

Entonces aparece la muerte, que contradice el sentido burlesco del título y dota al relato de un carácter trágico. Muere el caballo y se supone que muere Don Pedro, que tiene aquí una función metonímica. O sea que Don Pedro no encuentra ese amor anhelado, que se representa en el romance con «el pan y el beso». Y no lo hace porque cabalga, como lo hacen siempre los jinetes del ROMANCERO GITANO, en su «caballo sin freno». Al igual que en otros romances, los objetos y elementos de la naturaleza presencian la escena y participan de ella, animados por medio de personificaciones («Todas las ventanas / preguntan al viento...», «Una luna redonda / se baña...», «Los chopos dicen: No / Y el ruiseñor: Veremos»). Ventanas, viento, luna, chopos, ruiseñor... son los testigos que «conocen lo que falta» y a los que alude Lorca en el v. 43.

La primera laguna representa a la noche, con su luna reflejada en el agua como en un espejo. La segunda corresponde al amanecer, como nos señala el reflejo dorado y llameante del sol; en la tercera ya se ha borrado, ya no existe el tiempo ni la historia. Don Pedro está ahora sumergido en las aguas profundas del sueño.

Los colores del poema son el negro (de la noche), el blanco (de la luna) y el rojo (de la sangre). Los olores, la yerbaluisa y el romero, el olor a cedro y a azafrán. La música resuena en los platillos y en el interior de la guitarra. Pero colores, olores y sonidos se hunden en la nada de la última laguna: ahora son «flor enfriada», metáfora certera que se identifica con la muerte.

El tema del poema no es otro que el olvido. Este olvido deshace el tejido argumental del sueño y lo convierte en un conjunto fragmentario de imágenes enigmáticas. Y es también el olvido de la muerte, el lugar donde Gustavo Adolfo Bécquer situaba su tumba: «Donde habite el olvido».

García Lorca deja constancia en esta «burla» del poder del lenguaje como único aliado de la memoria. Las palabras son las que persisten más allá del desconocimiento: «Siguen las palabras». Y la voz secreta de la tarde.

En los últimos versos del *Llanto por Ignacio Sánchez Mejías,* Lorca iba a afirmar:

«No te conoce nadie. No. Pero yo te canto. / Yo canto para luego tu perfil y tu gracia...». Bajo el agua persisten las palabras. García Lorca supo recogerlas en este romance, jugar con ellas, y salvar de esta manera a Don Pedro del olvido, sin desvelar, como buen poeta que era, su misterio.

*

Proponemos a continuación una serie de actividades sobre las composiciones del ROMANCERO GITANO, y otras que intentan ahondar en la relación de esta obra con otras de García Lorca y de la tradición literaria española. La anotación de Christian De Paepe a la edición servirá de ayuda para la comprensión de la simbología de las imágenes poéticas de Lorca y para establecer relaciones con otras obras del autor.

1. EL *ROMANCERO GITANO*

1.1. *El carácter teatral de los romances*

Uno de los rasgos del estilo del ROMANCERO GITANO es su carácter de semirrepresentación. En *Muerto de amor* o en el *Romance sonámbulo*, por ejemplo, distintos personajes dialogan en estilo directo, creando así un ambiente cuasi teatral. La escenificación alcanza su clímax cuando la voz del narrador apostrofa a los protagonistas, como sucede en *Preciosa y el aire* o en *La monja gitana*.

En *Muerte de Antoñito el Camborio* es el mismo protagonista el que apostrofa al narrador, diciendo su nombre propio en un momento de máxima tensión.

 — Sirviéndote de lo expuesto por De Paepe en su estudio del ROMANCERO (págs. 70-78) haz un análisis pormenorizado del carácter teatral de este romance.

1.2. *Las huellas del romancero tradicional*

Las huellas del romancero tradicional aparecen en muchas de las composiciones del ROMANCERO GITANO. Son abundantes los ejemplos de comienzos *in medias res*, por ejemplo en *Reyerta* o en *Muerto de amor*. El modelo de final truncado, también propio de los romances de tradición oral, sobresale en el último poema del libro, *Thamar y Amnón*. Otras veces la referencias remiten directamente a una composición concreta, de la que suponen una variación.

 — ¿Qué romance tradicional nos recuerda el primer verso de *Muerto de amor*: «¿Qué es aquello que reluce...»?

1.3. *La naturaleza personificada*

La naturaleza se muestra en el ROMANCERO GITANO como un organismo animado, lleno de vitalidad. La luna, las montañas, el cielo, el viento... participan en la acción y se conmueven ante los sucesos trágicos que acaecen en ella. Esta animación de la naturaleza se expresa con continuas personificaciones, como: «La noche llama temblando...», «el cielo daba portazos» *(Muerto de amor)* .

 — Busca justificación a lo que acabamos de exponer en romances como *Reyerta, La casada infiel, San Miguel* o *El martirio de Santa Olalla*.

1.4. *La pena y el universo gitano*

García Lorca afirmó en una de sus conferencias que el gran tema del ROMANCERO GITANO es la «pena». Pena que aparece personificada en una figura femenina, Soledad Montoya, en el *Romance de la pena negra*. Esta composición posee un papel central en la estructura del libro. Una violenta fusión de deseo y amargura aparece en ella.

— Relee la conferencia de Lorca sobre el ROMANCERO GITANO (Documentación complementaria, pags. 186-195) y relaciónalo con el *Romance de la pena negra.*

El tríptico de *San Miguel, San Rafael* y *San Gabriel* funciona como contrapeso, dado su carácter descriptivo y estático, a la violencia que amenaza al mundo gitano. Antes y después de este núcleo principal, formado por los romances números 7, 8, 9 y 10, se van desgranando los poemas que tratan el motivo de la pena y el deseo: *Romance de la luna, luna, Preciosa y el aire, Reyerta, Romance sonámbulo.*

 — La leyenda gitana de los tres clavos de Cristo (Documentación complementaria, págs. 200-202) representa el conflicto entre nomadismo y vida sedentaria propios del mundo gitano. Relaciónala con el *Romance sonámbulo* y con los dos que tienen por protagonista a Antoñito el Camborio. En estos romances se expresa el destino trágico de esta etnia ancestral, y su primitivismo de carácter mítico-religioso.

A partir de *Prendimiento de Antoñito el Camborio,* los nuevos romances representarán la desintegración del microcosmos gitano.

 — Realiza un estudio en que se pongan de relieve los distintos momentos de esa *pasión,* prendimiento, muerte y patético final, tomando como ejemplo los romances 11, 12, 13, 14 y 15. Este último, *Romance de la Guardia civil española,* termina con estos versos:

> ¡Oh ciudad de los gitanos!
> ¿Quién te vio y no te recuerda?
> Que te busquen en mi frente
> juego de sangre y arena.

— Analiza también los tres romances históricos (16, 17 y 18), que representan el mundo de la memoria o del sueño, donde se refugia a partir de ese momento el universo gitano. El mundo de la imaginación, recluido para siempre en la mente del poeta.

1.5. *Elementos pagano-romanos, cristianos y orientales*

 — En las composiciones del ROMANCERO GITANO se combinan elementos pagano-romanos, cristianos y orientales. Sería interesante investigar la aparición de estos elementos en los versos de *El emplazado, El martirio de Santa Olalla* y *Thamar y Amnón.*

1.6. *La destemporización de las formas verbales*

Ya hemos señalado la destemporalización que sufren las formas verbales en el ROMANCERO GITANO. El pretérito indefinido, aunque sea la forma propia de la narración, escasea en este libro. En *La casada infiel,* sin embargo, el pretérito indefinido es la forma central, seguramente porque la historia narrada carece de la posibilidad de una continuación, ya que su protagonista está casada y su relación amorosa va en contra de las leyes de los gitanos. Es, pues, una historia conclusa, que requiere una forma perfectiva, acabada, como el pretérito indefinido. En otros casos, la irrupción del pretérito indefinido marca los momentos de violencia y máxima tensión.

 — Rastrea la aparición de esta forma verbal en romances como *Muerte de Antoñito el Camborio* o *El emplazado.*

1.7. *Los símbolos en el* Romancero gitano

En la Introducción (págs. 28-30) y en la anotación a los poemas se ha comentado la simbología de los colores (verde, negro, rojo, amarillo), de la luna, el viento, los espejos, el pozo, etc. Nos detenemos aquí en la figura del caballo.

 — Relaciona los siguientes versos con la interpretación propuesta en la introducción a la obra:

> Potra de nácar
> sin bridas y sin estribo
>
> *(La casada infiel)*

> Huele a caballo y a sombra
>
> *(Romance de la pena negra)*

> Por la calle brinca y corre
> caballo de negra cola
>
> *(Martirio de Santa Olalla)*

Si tuviéramos que asociar al ROMANCERO GITANO con un momento del día no dudaríamos en elegir a la noche, cuya oscuridad preside tantos de sus poemas. En este sentido se nos ofrece como un libro nocturno. La noche, asociada al color negro, contribuye a crear el ambiente de misterio, tragedia y agonía.

 — Comprueba esta afirmación en poemas como *Romance de la luna, luna, Prendimiento de Antoñito el Camborio* o *Muerto de amor.*

2. ACTIVIDADES RELACIONADAS CON OTROS TEXTOS DE GARCÍA LORCA

2.1. Francisco García Lorca señalaba en su libro *Federico y su mundo* la correspondencia que existe entre el *Romance sonámbulo* y el poema titulado «Córdoba», perteneciente a *Canciones*, que ya Lorca relacionó en su conferencia-recital (véase Documentación complementaria, págs. 191-192).

— Un comentario comparativo de estas dos composiciones podría poner de relieve el conflicto entre el ansia de integración y el *fatum* del mundo gitano. Una misma atmósfera de ensueño y sonambulismo envuelve a ambos poemas.

2.2. Otra relación diferente podría encontrarse entre los tres romances dedicados a San Miguel, San Rafael y San Gabriel, por una parte, y la canción *Arbolé, arbolé,* en la que aparece también una alusión a las tres capitales andaluzas: Granada, Córdoba y Sevilla. En la conferencia recital sobre el ROMANCERO GITANO, el propio Lorca ofrece la canción (véase Documentación complementaria, págs. 192-193) y comenta esta relación.

 — Señala la correspondencia entre la protagonista de *Arbolé, arbolé* y la muchacha que espera en las barandas del *Romance sonámbulo*.
— ¿Encuentras también similitudes con el romance *Preciosa y el aire?*

2.3. El destino trágico de los protagonistas del ROMANCERO GITANO les impide una vida segura y les aleja de la construcción de un hogar. Ese era, como hemos señalado, el conflicto interior del propio poeta, como queda reflejado en este fragmento de una carta de Lorca a Jorge Guillén:

> ...yo necesito estar colocado. Figúrate que quisiera casarme. ¿Podría hacerlo? No. Y esto es lo que quiero solucionar. Voy viendo que mi corazón busca un huerto y una fuentecilla como en mis primeros poemas. No huerto de flores divinas y mariposas de rico, sino huerto de aire y de hojas monótonas donde miren al cielo domesticados mis cinco sentidos.

 — Coteja este fragmento con algunas composiciones del libro, como el *Romance sonámbulo,* en el cual también aparece un personaje que anhela la vida sedentaria, aunque sabe que su destino le impide realizar su deseo.

2.4. Lorca era propicio a incluir composiciones poéticas en sus obras dramáticas.

 — Rastrea otros romances de Lorca en *Doña Rosita la soltera* y en *Mariana Pineda*. Hallarás más en *Bodas de sangre*, *Yerma* o *La zapatera prodigiosa*.

3. ACTIVIDADES RELACIONADAS CON OTRAS OBRAS DE LA LITERATURA

3.1. *Burla de Don Pedro a caballo*

En la Documentación complementaria (págs. 195-197) hemos ofrecido el *Romance apócrifo de D. Luis a caballo,* escrito por Gerardo Diego parodiando a Lorca. Rastrea las huellas de este apócrifo en el romance *Burla de Don Pedro a caballo*.

3.2. La conmovedora protagonista de *La monja gitana* podría ser comparable a las monjitas que, en las composiciones del cancionero tradicional, se quejan de su condición religiosa. Algunas de ellas han pasado al folclore infantil, como la canción de corro que comienza:

> Yo me quería casar
> con un mocito barbero
> y mis padres me querían
> monjita de un monasterio

Y halla su clímax en los versos:

> Zarcillitos de mi oreja
> anillitos de mis dedos
> lo que más sentía yo
> era mi mata de pelo

3.3. El romance *El emplazado*, con su premonición de muerte fatal, nos recuerda a otros textos alejados de él en el tiempo, el espacio y el género literario. *La crónica de una muerte anunciada*, de Gabriel García Márquez, pudiera ser una de las obras que se tuvieran en consideración.

3.4. Sería interesante realizar un debate sobre la manera en que los escritores españoles han tratado el mundo de los gitanos, tomando como base, además del ROMANCERO GITANO, las obras de otros autores. Dos escritores del Siglo de Oro, Cervantes y Lope, nos podrían servir de ejemplo. La descripción del campamento gitano de *La gitanilla* de Cervantes es de todos conocida, pero no lo es tanto la comedia de Lope *El arenal de Sevilla,* en la que Lucinda, su protagonista, se asemeja a la Preciosa de Cervantes y representa como ella la gracia y el atractivo femeninos. En el prólogo que Julio Caro Baroja realiza al libro de Clébert sobre los gitanos se hallarán muchos más ejemplos. El texto de Caro Baroja se titula *Los gitanos en la literatura española.*

TALLER DE CREACIÓN

Estos ejercicios tienen dos funciones: contribuir a una mayor profundización en el ROMANCERO de Lorca y fomentar la creatividad de los lectores. Cada uno de ellos toma como motivo una de las composiciones del libro, o alguno de los documentos consignados en este volumen.

1. Tomando como base el *Romance de la luna, luna,* realiza una «historia ilustrada» de este texto. No nos parece conveniente seguir el modelo del cómic, sino el de la clásica «aleluya». Cada viñeta correspondería a cuatro de los versos del romance.

2. Escribe un relato en prosa con el argumento de *Preciosa y el aire,* pero actualizado: pueden cambiar los actantes pero

no las acciones, es decir, la gitana, los ingleses... podrían ser sustituidos por otros personajes que posean la misma función en el relato.

3. *Reyerta* es un romance que comienza *in medias res*. En él aparecen dos elipsis que se corresponden con las dos divisiones del texto. El fragmentarismo es, pues, una de sus características. El ejercicio que planteamos consiste en rellenar esas elipsis y construir un principio a la historia. Puedes hacerlo en prosa o en verso octosílabo, con rima asonante...

4. El final del *Romance sonámbulo* es intuido por cualquier lector atento. Los guardias civiles golpean la puerta, el jinete gitano no puede subir más alto porque ya está en la azotea... Intenta concluir el poema y procurarle un efecto de cierre que no sea el circular (repetición de los primeros versos).

5. En *La monja gitana*, Lorca nos describe la situación anímica de su protagonista, lo que hace —está bordando—, lo que pasa por su mente, sus sueños. El ejercicio consistirá en completar el cuadro: describir el escenario donde esta figura se inscribe, la celda de un convento andaluz.

6. Tomando como modelo el argumento de *La casada infiel*, vuelve a contar la historia, en prosa, pero desde otra perspectiva, la de su protagonista femenino, cuyo punto de vista para nada aparece en el romance de Lorca.

7. Escribe un relato —no tiene por qué remedar en su argumento al romance protagonizado por Soledad Montoya— que tenga por tema central a la pena, con el sentido que adquiere en el cante jondo. Este relato deberá terminar con los versos del *Romance de la pena negra*.

8. En los romances de San Miguel, San Rafael y San Gabriel, Lorca nos ofrece tres modelos magníficos de poemas su-

geridos por imágenes. Escribe tú un texto tomando como motivo una imagen humana: una fotografía, un cuadro, una escultura... No tienen por qué ser de carácter religioso. Debes intentar profundizar en la descripción, descubrir la parte oculta, invisible, como hace Lorca en estos poemas.

9. Los romances en los que se narra el prendimiento y la muerte de Antoñito el Camborio podrían servir de base a un guión cinematográfico sobre este tema. Habría que escribir los diálogos, las acotaciones para la ambientación, una voz en *off* que contara la historia, y precisar qué imágenes aparecerían en primer plano y cuáles en un plano general.

10. Imaginemos que la tercera parte del romance *Muerto de amor* fuera un rompecabezas. Cada uno de sus versos sería una pieza de ese juego. Se trata de revolver las piezas, presentar cada verso aislado y tratar de unirlo después, dejándonos llevar por la intuición, pero respetando la rima asonante de los versos pares. Por ejemplo:

> Bueyes y rosas dormían.
> Un rumor de viejas voces
> resonaba por el arco
> roto de la medianoche.
> Y el cielo daba portazos
> en los altos corredores.
> Serafines y gitanos
> tocaban acordeones.

Seguramente el poeta renuncia a multitud de poemas cuando se ve obligado a elegir una opción. Este ejercicio propone que el lector descubra esos poemas posibles.

11. A nadie se le escapa el carácter épico del *Romance de la Guardia civil española*. El ejercicio que proponemos consiste en escribir un relato en prosa que se inspire en esta com-

posición, que incluso incorpore muchas de las palabras e imágenes de Lorca, pero cambiando de escenario y momento histórico. Elegimos, porque se corresponde perfectamente con el carácter del poema, un cuento que describa la destrucción de un poblado indio por parte de los soldados de los Estados Unidos de América. Se pueden encontrar precedentes en muchas películas que incluyen escenas semejantes: *Pequeño gran hombre* y *Bailando con lobos,* por ejemplo.

12. Tomando como modelo *Burla de Don Pedro a caballo,* introduce otra «laguna» dentro de la composición. Se trata de aclarar la turbia historia del caballero enamorado.

13. Escribe un romance que relate la leyenda gitana de las págs. 200-202. Nos parece que este cuento tienen una atmósfera muy semejante al de muchos romances de Lorca.

14. Igual que los poetas amigos de Lorca escribieron el romance apócrifo, que aparece recogido en las págs. 195-197, realiza tú otro apócrifo que surja de la combinación de distintos versos de todo el ROMANCERO GITANO. Tendrá distintas secciones que corresponderán a los cambios de rima.

15. Reunid los resultados de los ejercicios de escritura. Elegid el mejor ejemplo de cada ejercicio y formar con ellos un pequeño volumen: incluirá poemas, dibujos, relatos, escenas descriptivas, un guión de cine y alguna partitura. Ordenadlo y encuadernad de forma artesanal el volumen. Es obvio que el título será *Segundo romancero gitano.*

16. Escribe una reseña periodística sobre el libro resultante de los ejercicios de escritura. Se puede tomar como modelo la reseña de *El Norte de Castilla* que aparece en las págs. 197-198. En ella se hará alusión al recital realizado según proponíamos en las actividades e incluirá un fragmento de la presentación imaginaria del libro.

ACTIVIDADES INTERDISCIPLINARES

1. Organizad un recital en clase con vuestras composiciones preferidas. Este recital podría ser trabajo de un taller de teatro, pues los romances de Lorca poseen un carácter marcadamente dramático. Lorca, además de buen poeta, era un entusiasta y eficaz recitador.

2. Podríais intentar poner música a un romance de Lorca. Un ejemplo sería el *Romance de la luna, luna,* que Paco Ibáñez cantaba hace ya bastante tiempo. Lorca era, además, aficionado al tema. Antonina Rodrigo recoge de Ana María Dalí el testimonio de que Lorca, en 1927, en una de sus estancias en Cadaqués, anunció a la familia Dalí que ya tenía compuesta la música de *Prendimiento de Antoñito el Camborio,* romance que cantaba con el acompañamiento a la guitarra de Regino Sáenz de la Maza. En una clase de música convendría asimismo glosar la figura de Manuel de Falla, cuya obra tanto influyó en la sensibilidad del poeta.

3. Aunque parezca actividad difícil y un tanto estrambótica, proponemos traducir alguno de los romances, o algún fragmento, al idioma extranjero que estudien los alumnos. Lorca es, entre los poetas españoles del siglo XX, el más traducido. En 1935, en una entrevista con el poeta en Barcelona, que recoge Mario Hernández, se puede leer:

> La distinguida escriptora alemanya que viu entre nosaltres, Etta Federm Kohlhaas, está preparant una traducio completa del Romancero gitano de García Lorca. En un dels romancos, va a trovar els versos següents:

> *detrás va Pedro Domecp*
> *con tres sultanes de Persia*

> Ara bé, a Alemaya ningú no sap qui ès Pedro Domecq, ni coneixan la seva marca. Aixi doncs, la senyora F. Kohlhaas va posar, en alemany:

> *darrer va... la viuda Cliquot*
> *amb tres sultans de Persia*

Lorca —contàriament al que s'esperava— exclamá: —Hombre, no está mal... ¡Tiene muchísima gracia!

4. Realiza una ilustración de alguno de los romances. Podrías incluso preparar la portada de una edición imaginaria del ROMANCERO GITANO. Esta portada serviría para presentar la selección de ejercicios de escritura que planteamos más adelante. Como ejemplo se pueden ver los dibujos que el propio poeta realizaba para sus obras teatrales.

5. Esta actividad se relaciona con un aspecto intertextual del ROMANCERO GITANO: las dedicatorias. A través de ellas se podría reconstruir la vida de Lorca por aquellos años. Algunos de los destinatarios de los poemas son familiares, y muchos están dedicados a amigos de la Residencia de Estudiantes. Otros son amigos granadinos. También hay escritores, actrices y políticos. Proponemos investigar la biografía, y su relación con Lorca, de Margarita Xirgu y Fernando de los Ríos. La primera era una gran actriz dramática y el segundo un profesor y político granadino que llegó a ser varias veces ministro. Su relación con el poeta fue, en ambos casos, muy estrecha.

6. La última de nuestras actividades armoniza el aprendizaje y el deleite. Se trata de realizar un viaje por los escenarios del ROMANCERO GITANO, después de haber trazado un cuidadoso itinerario. Para preparar el viaje a Granada sería útil leer algún texto de *Impresiones y paisajes,* libro primerizo del poeta, en el que aparecen bellas descripciones de la Alhambra. También podría ampliarse el itinerario a los lugares en que transcurrió la vida del poeta, incluyendo Fuentevaqueros o la Residencia de Estudiantes de Madrid, donde Lorca escribió el libro objeto de nuestro estudio.

COLECCIÓN AUSTRAL

EDICIONES DIDÁCTICAS